收藏

年鉴 2012

主编 温美玲

造境取势
遗貌取神

河北美术出版社

学术编委：陈仕彬　刘　墨　王　平
主　　编：温美玲
责任编辑：赵小明　李菁华
技术编辑：毛秋实
执行编辑：李　倩　温祥云
装帧设计：圃生书装

图书在版编目（CIP）数据

收藏年鉴：造境取势 遗貌取神／温美玲主编. —石家庄：河北美术出版社，2012.12
ISBN 978-7-5310-5011-7

Ⅰ. ①收… Ⅱ. ①温… Ⅲ. ①中国画—作品集—中国—现代 Ⅳ. ①J222.7

中国版本图书馆CIP数据核字（2012）第239749号

收藏年鉴 2012
造境取势 遗貌取神

主编：温美玲

出版发行：河北美术出版社
地　　址：河北省石家庄市和平西路新文里8号
经　　销：新华书店
印　　刷：北京永诚印刷有限公司
印　　张：11
版　　次：2012年12月第1版
印　　次：2012年12月第1次印刷
定　　价：68.00元

出版机构：《收藏年鉴》编辑部
邮　　箱：shoucangnianjian@yahoo.cn
电　　话：18210303698　13269869915
地　　址：北京市朝阳区望京望花路东里小区
邮　　编：100102

封面作品：燕文贵 江山楼观图（局部） 日本大阪美术馆藏
封底作品：卢禹舜 静观八荒系列18 356cmx143cm 纸本设色 2012年

出品：美玲艺术传媒　网络支持：中国艺术投资网

收藏年鉴 2012

目录

造境取势
遗貌取神

艺术杂志
没兴趣参与?

伪逻辑论：纸媒没落，收藏家或艺术市场重要人士大多不看杂志，所以艺术杂志内容不会有影响力。没兴趣参与。

实际情况：谈论杂志的影响力要分三部分。其一，先说网络。相比10年、20年前，艺术杂志已经不是人们获取艺术资讯的唯一渠道，网络在相当大程度上取代了艺术纸媒传递资讯的功能。但网络无法取代杂志的深度、手感、设计等优势，书画本来就是表现在纸上的，而想要更好展示给别人看，除了真迹之外，就是纸媒（杂志）的印刷效果了，所以纸媒不是没人看，而是因为没有更有说服力和色彩还原度。而杂志本身也在通过微博或自建网站开始网络化，在原创内容的质量及采编人员的专业性上还胜网站一筹，发行的精准度、广告宣传的投入也都非网站可比。其二，再说大众媒体。大众媒体受众面广，发行量大，但弱势是内容的专业度低，且大众媒体抱着猎奇心理看待艺术圈和艺术市场，或只是把艺术资讯当作点缀，这些都决定了艺术专业媒体和大众媒体可以共存，但难以相互取代。其三，再说不看的人。面对彻底不看艺术杂志也不看艺术网站的"落后"或"死硬"分子，只要他身边有人看，杂志内容就会通过这些人影响到他，没有人能彻底屏蔽资讯和话题，好内容和热点话题一定是越传越远。除了杂志，微博在诞生之时也有人有同样论调，认为在微博上谈艺术市场没用，因为买家都不上微博，如今开微博已经成为收藏家的时尚，就算不开，你总要吃饭，只要有饭局，必有人谈微博。所以，除非闭关，否则媒体是躲不过的。用心做的杂志还是值得一捧二看三参与……

日本藏宋画选刊

引言

宋画是一座蕴藏丰富的艺术宝库。宋代画家既遵守绘画的法度，态度严谨，注重形似，精工细描，又崇尚绘画的自由，意重于形，注重生意情趣的表现，富有韵外之致。宋代绘画具有很高的成就，古今美术史家无不对宋画予以很高评价，甚至不少评论家认为宋画是中国古代美术发展史上的最高峰。不仅中国，世界各国都对其给予很高的赞誉，就让我们一起来赏析几幅日本藏的中国宋代绘画吧……

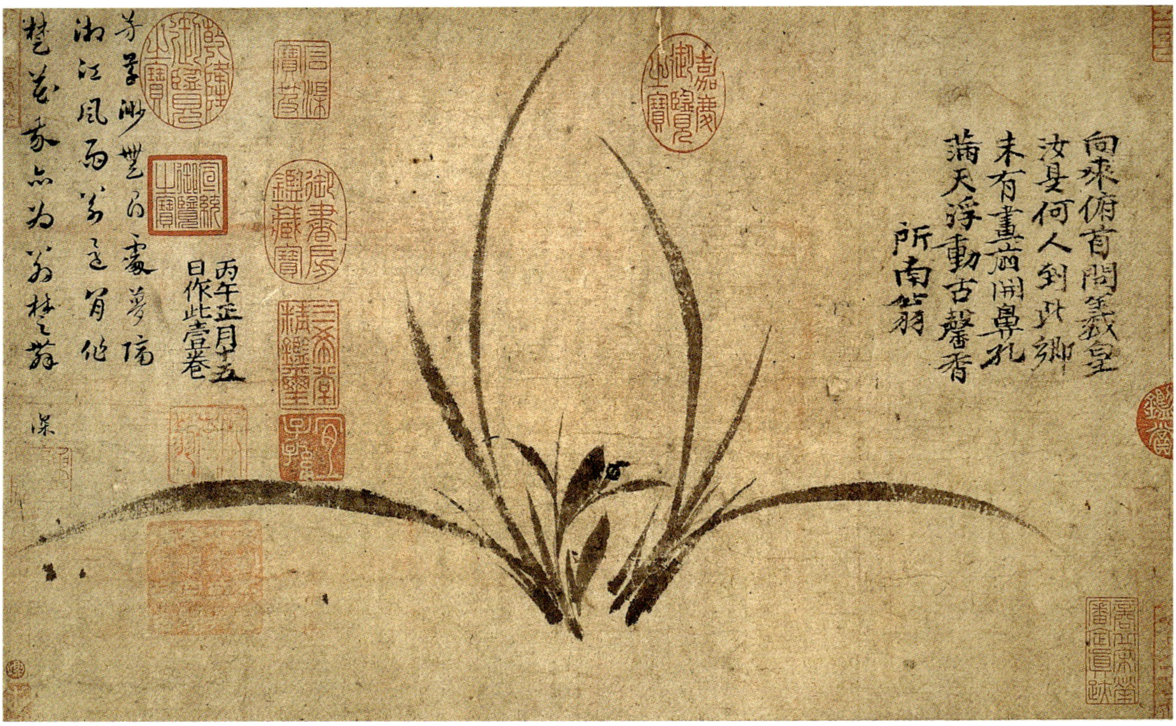

郑思肖　墨兰图 25.7cm x 42.4cm　纸本设色　日本大阪市立美术馆藏

郑思肖《墨兰图》，纸本，纵25.7厘米，横42.4厘米。画幅右侧有作者题诗一首："向来俯首问羲皇，汝是何人到此乡，未有画前开鼻孔，满天浮动古馨香。"字迹笔锋苍劲有力，仿佛能感受到作者的铮铮傲骨，画幅左侧落款为"丙午正月十五日作此一卷"并有"所南翁"印章一方，画幅正中为一株墨兰，兰花无土无根，乃郑思肖一贯风格特点，寓意故国山河土地已沦丧于异族，无从扎根。画卷上比较明显的有"乾隆御览之宝"印章一方，位于画幅左上角。"嘉庆御览之宝"印章一方，位于画幅中墨兰之上方。"宣统御览之宝"印章一方，位于"乾隆御览之宝"下方，还有"御书房鉴藏宝"印章一方；"三希堂精鉴玺"印章一方等印记，故此画作后应为清室宫内收藏，从乾隆至宣统传承有序。最后应该是随宣统帝溥仪带出，后因各种原因被日本人获得，该作品现收藏于日本大阪市立美术馆。

郑思肖（1241—1318）

宋末诗人、画家，连江（今属福建）人。原名不详，宋亡后改名思肖，因肖是宋朝国姓赵的组成部分。字忆翁，表示不忘故国；号所南，日常坐卧，要向南背北。亦自称菊山后人、景定诗人、三外野人、三外老夫等。曾以太学上舍生应博学鸿词试。元军南侵时，曾向朝廷献抵御之策，未被采纳。后客居吴下，寄食报国寺。郑思肖擅长作墨兰，花叶萧疏而不画根土，意寓宋土地已被掠夺。有诗集《心史》《郑所南先生文集》《所南翁一百二十图诗集》等。

法常
竹鹤
173cm×99cm
纸本设色
日本京都大德寺藏

法常
南宋画家，僧人。号牧溪。生卒年不详，活跃于13世纪60～80年代之际。蜀（今四川）人。曾因反对奸相贾似道而遭通缉，在浙江一位姓丘的人家中避难。擅龙、虎、猿、鹤、芦雁、山水、人物。师法梁楷，加以发展变化。所画猿、鹤、观音、罗汉等，造型严谨，形象准确。

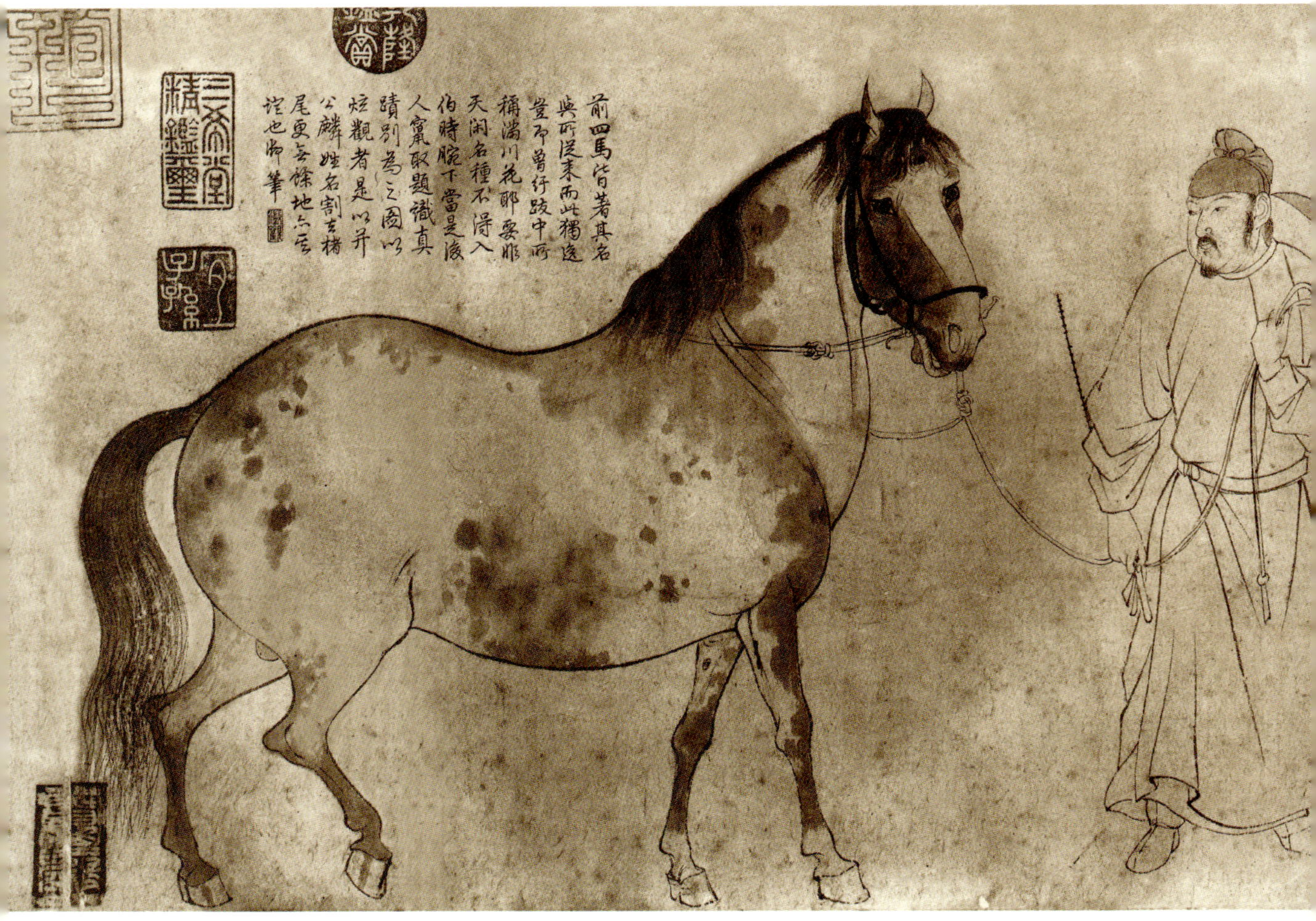

李公麟　五马图之满川花

李公麟　五马图之锦膊骢

《五马图》（已佚）

《五马图》为李公麟传世佳作，纸本墨笔，纵29.3厘米，横225厘米，无名款。图以白描的手法画了五匹西域进贡给北宋朝廷的骏马，各由一名奚官牵引。每匹马后有宋·黄庭坚题字，谓马之年龄、进贡时间、马名、收于何厩等，并跋称为李伯时（公麟）所作。五匹马各具美名，令人遐想，依次为：凤头骢、锦膊骢、好头赤、照夜白、满川花，而五位奚官前三人为西域装束，后两人为汉人。

李公麟（1049—1106）

北宋著名画家。字伯时，号龙眠居士。汉族，庐江郡舒州（今安徽桐城）人。神宗熙宁三年进士，历泗州录事参军，以陆佃荐，为中书门下后省删定官、御史检法。好古博学，长于诗，精鉴别古器物。尤以画著名，凡人物、释道、鞍马、山水、花鸟，无所不精，时推为宋画中第一人。李公麟因风痹致仕，归居龙眠山庄，自作《山庄图》，为世所宝。传世作品有《五马图》。

李公麟　五马图之好头赤

李公麟　五马图之凤头骢

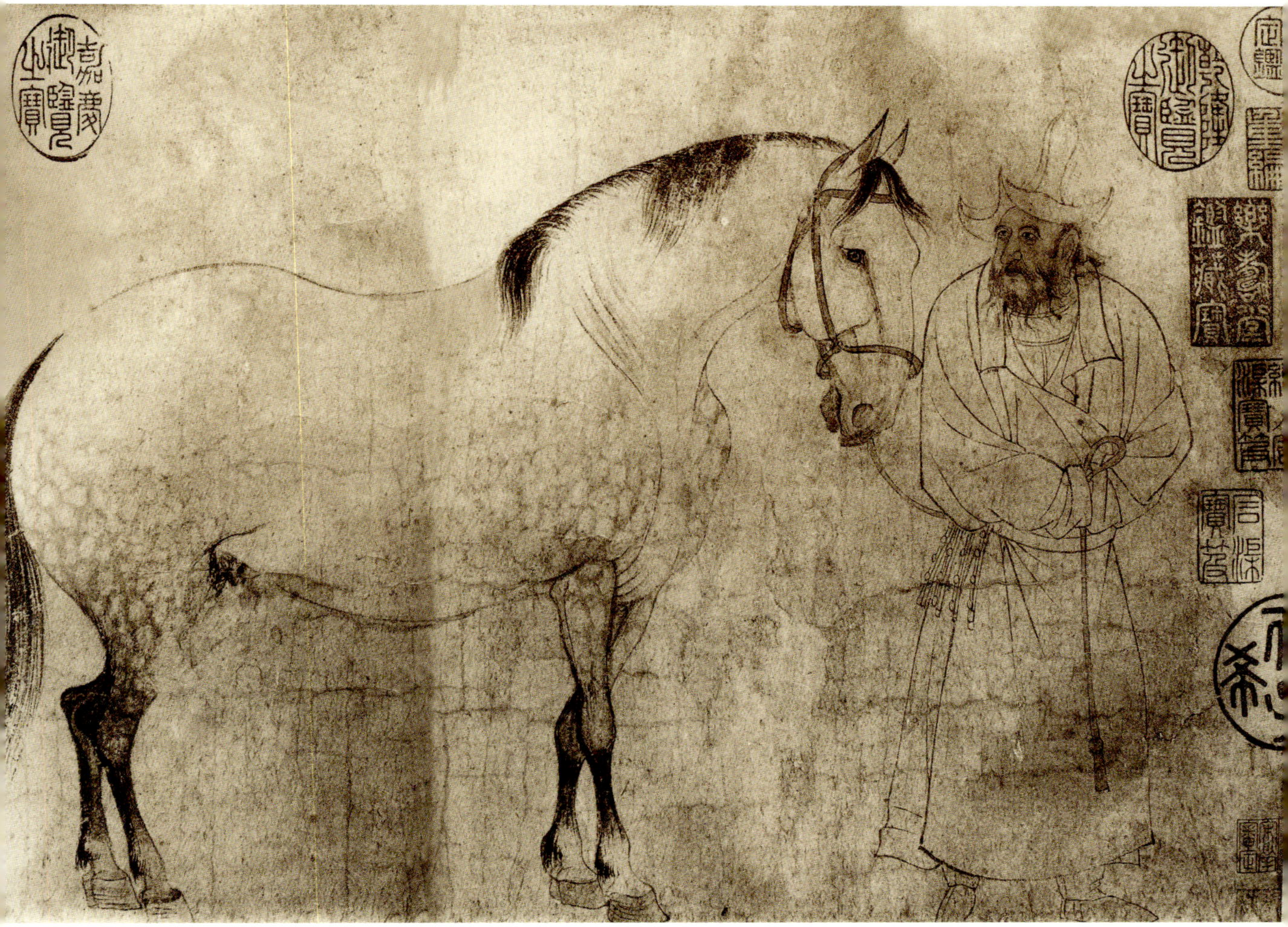

李公麟　五马图之好头赤

梁楷　六祖斫竹　73cm×31.8cm
纸本水墨　日本东京国立美术馆藏

描绘六祖慧能斫竹的故事。慧能，俗姓卢，世居范阳，曾为樵夫。为禅宗南宗的开创者。图中的六祖在古树衬托下，一手拿刀，一手持竹竿，正砍伐枯竹。画面以寥寥几笔，就勾画出六祖的生动神态，充分表现了慧能有着丰富生活阅历的这一身世特征。用笔刚劲老辣而又简括，气势非凡，是作者的“简笔”佳作。

梁楷

南宋人，生卒年不详，祖籍山东，南渡后流寓钱塘（今杭州）。他是名满中日的大书法家，曾于南宋宁宗担任画院待诏。他是一个行径相当特异的画家，善画山水、佛道、鬼神，师法贾师古，而且青出于蓝。他喜好饮酒，酒后的行为不拘礼法，人称是“梁风（疯）子”。梁楷传世的作品包含了《六祖伐竹图》《李白行吟图》《泼墨仙人图》等，但以《泼墨仙人图》最为有名。

梁楷 出山释迦图 119cm x 52cm
绢本设色 日本日野原宣藏

《出山释迦图》为擅长画人物、山水、鬼神的南宋宫廷画家梁楷的巅峰之作，描绘释迦领悟到长久的艰苦修行，不是真正悟道之途，从而走出深山的情景。山石和树木的运笔较为粗犷，释迦的容貌则采用细致的写实派手法，造型严谨，用笔稳重，表达其内心意念，十分传神。14世纪中期，《出山释迦图》流传至日本足利将军等人手中；上世纪末，日本文化厅从私人收藏家购得后，转由日本博物馆中收藏中国文物最丰富的东京国立博物馆珍藏，成为镇馆之宝，名列日本国宝级文物。

释迦着单衣跣足站于枯树旁，手举胸前，双眸微微下视，面容清瘦，须发密长。尽管已值冬季，衣带在寒风中飘举，但释迦似乎并未感受到寒冷，丝毫没有瑟瑟呵冻之态，而是神情专注，愈显入山苦修悟道后，意志弥坚。画家以劲利的线条画排叠的衣纹，用笔谨严，于人物神情刻画尤见功力；苍 枯枝，用笔劲硬，很好地烘托了环境。背景的坡石略加勾皴，树石的画法还可看出受到李唐的影响，此图与其传世减笔人物画相比，属较为工致的画作。画幅左侧的石壁上署有"御前图画梁楷"六字款。

燕文贵　江山楼观图　32cm × 161cm　纸本设色　日本大阪市立美术馆藏

此卷为燕氏传世名作。卷首为江天浩渺，远山沙岸，配以舟楫渔夫，卷末则出现崇山叠嶂，峰峦逶迤，楼观殿阁点缀其间，二者形成鲜明对比。界面精丽，树木摇曳多姿，可谓景物万变。

燕文贵（约967—1044）
北宋画家。吴兴（今浙江湖州）人。擅山水人物，原隶军籍，太宗时来都城开封，在市街画画，待诏高益见其技艺不凡而向皇帝推荐进入翰林图画院。

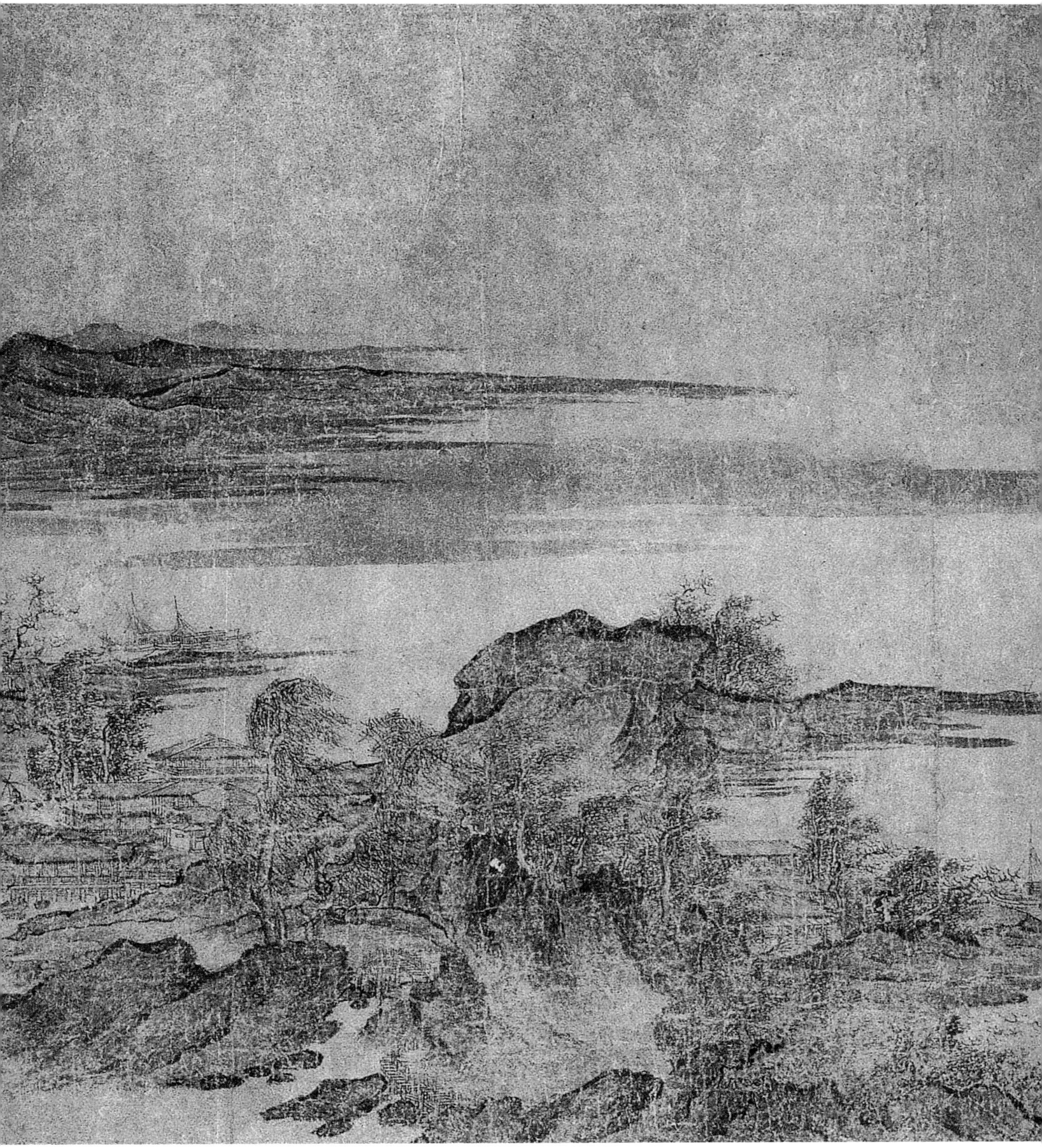

燕文贵　江山楼观图（局部）

艺术品查税门：新一轮洗牌波及『高危』藏家

撰文：高果果

近日，一场由进口艺术品查税引起的风波如同多米诺骨牌，已由最初的收藏家、境外拍卖行，延伸到艺术品经纪人、当代艺术推手、艺术基金、艺术信托等艺术金融资本领域。一位圈内人士称，被拘艺术界大佬的数字正在扩大，民生银行原品牌部总经理、民生现代艺术馆和炎黄艺术馆馆长何炬星，艺术品资深经纪人伍劲，北京邦文艺术投资公司董事长黄宇杰等人也已被拘，均在北京的拘留所。据媒体报道，刚刚以2.16亿元拍出《过云楼》藏书，并引发北大和江苏省对这一文物争夺战的匡时国际拍卖公司，其幕后大股东为在艺术市场上颇为高调的大买家刘益谦，最近在被约谈之后，补交了几千万元的税款和罚金后了事。艺术品市场人人自危，对艺术品市场的新一轮洗牌行动开始，然而《艺术品市场管理条例》在千呼万唤中始终未能出台。

中国艺术品市场的发展，不仅带动了国内经济的发展，更是诞生了无数的富豪。近几年，随着艺术品市场进入“亿元时代”，一个个大金主开始“狂砸”艺术品，也被媒体一度追捧为拍卖场上的明星。但无论是处于一级市场的画廊、艺术机构，还是处于二级市场的拍卖行，无论是艺术家，还是收藏家，合理避税甚至偷逃税都长期并大量存在着。有人说这是中国的高税赋导致的畸形生态，因为在很多国家和地区的艺术品都是低税甚至免税的，也有人说这是艺术品交易的中国特色，太多不规范的私下交易以及根本拿不上台面的操作为逃税提供了温床，对于行走在这个灰色地带的人们来说，艺术品的税收问题是他们最不愿提及的。

根据《刑法》规定，“走私货物、物品偷逃应缴税额在50万元以上的，处10年以上有期徒刑或者无期徒刑，并处偷逃应缴税额1倍以上5倍以下罚金或者没收财产；情节特别严重的，依照本法第151条第四款的规定处罚。刑法第151条第四款规定，情节特别严重的，处无期徒刑或者死刑，并处没收财产。”

苏州 过云楼

古籍善本

据《东方早报》报道，唐志坚律师认为，“此案与赖昌星案属于同一性质案件，赖昌星犯走私普通货物罪和行贿罪，两罪并罚，法院决定执行无期徒刑，剥夺政治权利终身，并处没收个人全部财产，其违法犯罪所得依法予以追缴。伍劲等二人合计逃税如按照估计1亿元计算，虽然与赖案的逃税金额相去很大，但涉案金额十分巨大，量刑可能很重。但是，在侦查机关、检察机关到法院一系列办案和审理过程中，一些不能查证的涉案金额，可能会逐笔除去，最后到法院判决认定的金额可能低于估算的涉案金额。”

一位长期在国内外艺术品市场的圈内人士在接受媒体采访时表示，现在的拍卖行时而沦为洗钱、时而成为艺术家炒作的平台，而且在拍卖行报告成交额节节攀升时，交割率却很低。查税导致艺术品市场风声鹤唳，今后会进入一段停滞期。如果政府不进场干预，市场会一直烂下去。艺术业界也没有人有勇气和能力站出来制定规范。因此从长远看，查税风波的意义是正面的。

降税到查税门事件的演变

2011年12月9日，国务院关税税则委员会下发了《关于2012年关税实施方案的通知》（税委会27号），决定自2012年起，将油画、粉画及其他手绘画原件，雕版画、印制画、石印画的原本，各种材料制的雕塑品原件的进口关税税率由12%降至6%。

在我国现行的关税中，艺术品被列为进口商品的第21类，与奢侈品列为一类，艺术品进口时需申报缴纳进口关税和进口环节增值税。进口关税根据艺术品种类不同适用0–14%的税率，其中古董艺术品适用税率为0，与我国签订优惠贸易国的国家，艺术品原作的进口税率为12%，复制品的税率为14%，没有与我国签订优惠贸易协定的国家，艺术品进口关税为50%；复制艺术品适用税率为14%，进口环节增值税税率为17%。而在实际交易中，艺术品消费还要承担消费税、营业税等多种税费，即使采用12%的进口税率，艺术品进口的综合税率往往也超过了30%。现将一部分艺术品进口关税降低至6%，从一定程度上降低了艺术品进口的税收门槛，这无疑有利于推动中国艺术市场的国际化发展的步伐。

不过就在这样的好消息实施不到半年后，一场轰轰烈烈的“查税门”开始了。4月，一篇名为《最近艺术市场海外进口的查税风波》的文章在网上流传：“4月6日，IFAS艺术运输公司的高层被控制。它是上海当代艺术博览会当年的指定运输商，也是很多中国藏家购买艺术品的首选运输公司，特别是在拍卖会上购买作品首选的运输公司。此外，北京诺亚艺术品运输公司的负责人和部门经理被海关请去协助调查。一位收藏界人士透露，海关从专门艺术品运输公司拿到了报关单，上面清楚地标明买家和物品名称，存在虚假报关以逃税等情节，海关由此获得了大约800人的名单。而海关现在只是进行了初步调查，还没有涉及到更多的人员。

此次有关部门处理相关案件的“四项基本原则”，即艺术品的年代在百年以上、自然人购买行为、随身携带、适量，只需要按6%交关税，不必交增值税。“适量”的定义，业内估计是十件以内。如果是年代在百年内的当代艺术品，有法人的交易合同，数量众多，通过集装箱等方式运输，就需补交关税、增值税等税款。艺术品查税的背后，一方面当然必须看到中国艺术品税率的居高不下影响艺术市场的活力，另一方面也必须看到，伴随乱象的艺术品行业期待已久的《艺术品市场管理条例》在千呼万唤中始终未能出台。

艺术品税的重中之重

据中国海关和艺术品市场的专家了解数据，在2010年，联合国公布的从香港进口到我国大陆的艺术品（含所有的门类）总额为1270万欧元，而我国政府的统计数据从香港进口的仅为170万欧元。尽管某些数据会因为统计的问题而出现某些偏差，但是如此大的差额说明大量的艺术品进口并没有被我国政府计入在案。所以降税和查税是海关的重任。收藏家们的逻辑是税太高，所以要逃，而海关的逻辑是先交税再减税。

“即使关税大幅下调了，中国仍然是全球艺术品税率最高的国家。”作为北京画廊协会的负责人，董梦阳无奈地说，因为关税只是艺术品税的一部分，还有增值税（或营业税）、消费税等，加在一起要超过30%。“如此高的税率，基本就使得一件艺术品的价格严重背离其国际行情。”董梦阳曾以画廊协会的名义，就艺术品进口关税的问题，发起向财政部和税务总局的建言。

具体一件艺术品的税有多高？以降价后的艺术品进口关税最低6%计算，假设一件1万美元的油画运抵上海，运费为1000美元，保险费为100美元，海关核定的货物完税价格（即CIF价）为上述三者相加之和，即11100美元，折合人民币约69930元，进口关税为69930×6%=4195.8元。另外，据《中华人民共和国增值税暂行条例》，艺术品还需缴纳17%的增值税。增值税组成计税价格=(进口关税+CIF)/1–消费税税率（艺术品进口不涉及消费税，该项为0），那么增值税组成计税价格为(4195.8元+69930元)/1=74125.8元。以该数字为基础，应纳增值税额=增值税组成计税价格×17%，即74125.8元×17%=12601.386元。应纳增值税额与进口关税之和，即12601.386元+4195.8元=16797.186元。（数据来源：东方早报）

迫于高额税费的压力，内地一些艺术品机构、画廊和藏家选择了一些避税方法，常见的逃税招式：一：高价低报。二：以假乱真。三：转关进口。四：携带入境。

低价申报是艺术品运输的常用方式，一件尺寸为高2米宽1.5米价值200万人民币的雕塑艺术品由于交易从美国进口至中国，若按照正常运输与关税报价，关税价格就要占据总价格的25%以上，但如通过低价申报，则进口运输价格可大打折扣甚至低至十万人民币以下，但同样尺寸的作品在近两天的询价中，运输公司给出的价格却比原来高出一倍，若以“艺术品”报关运输，关税价格也并非是6%，运输公司工作人员表示两会之后的进口关税标准并不稳定，大约在10%左右浮动。

私自携带也是最常见的避税方式，对艺术品不以进口货物的形式报关，而是以进口物品的形式，由个人携带通关入境。据相关法律规定，进境旅客携带在境外获取的自用物品，总值在5000元人民币以内的进口免征税款。“如果拍卖行自己从境外进口拍品，12%的佣金还不够交税，更不要说运输费和保险了，所以，我们都是让卖家自己将拍品运送至国内，至于他是正常报关交税还是私自携带入境，我们就管不着了。”一位拍卖公司的负责人告诉记者。

临时入关的展品只能按照报关期限滞留，对于不得不再出关的艺术品，一些机构或个人则会用复制品替换。鉴于艺术品的特殊性，如果不是内行专家，仅在外观上无法确定真伪，更难判断其真实价格。低价报关则需要承担运输过程中损坏、遗失，只能按入境报价来赔偿的风险。也有很多转关进口的艺术品，最常见的是从香港转运进口。比如油画从非最优惠国进口的普通税率为50%，而与从签订最惠国待遇条款的国家和地区进口税率6%相比差为44%。

国外究竟对艺术品如何征收关税和增值税呢？据了解，我国台湾、香港地区和美国、新加坡、加拿大、新西兰、韩国、白俄罗斯等国家对艺术品实施零关税，摩洛哥王国进口关税1.25%。长期在两岸三地从事艺术品交易的摩帝富副总裁兼亚洲区总经理黄文叡告诉记者，“台湾在零关税之外对艺术品预收5%的营业税，中国台湾、香港两地区和美国的艺术品增值税，根据申报人的收入档次、有无抚养亲属、有无符合减税条例等情况，税率不一。”另外，英国在零关税之外，加征5%的进口环节增值税。

泓盛拍卖董事长赵涌表示：“德国海关对油画、字画、邮票等艺术收藏品采取零关税，该国正常的增值税为19%，对艺术品实施增值税减半，最优惠税率仅为7%。”中央财经大学法学院教授、副院长刘双舟称：“虽然艺术品关税从 12%降到目前的6%，但17%的增值税依然很高。国家一方面希望促进文化产业大发展，一方面征税很高，这样的税率至少对拍卖行业来说是不利的。另外，就文物回流而言，国家应当继续加以鼓励，实施免税政策。”中国拍卖行业协会一位负责人表示，目前内地拍卖市场每年拍品的分布比例约为：书画

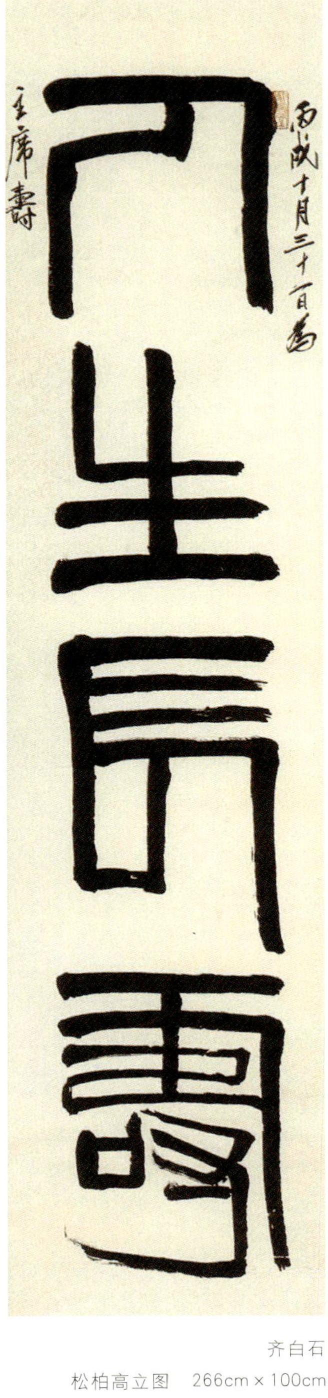

齐白石

松柏高立图　266cm × 100cm

篆书四言联

拍卖价：4.25亿元人民币

纸本设色

1946年

齐白石
可惜无声・花鸟工虫册
29cm×23cm×13
拍卖价：8500万元人民币
纸本设色
1942年

约占60%，瓷器杂项约30%，当代艺术约10%。他说，"艺术品拍卖90%属于文物。但设计这样高的关税是不利于文物回流的。制定政策的时候，海关和国家文物局两方面政策有一定冲突。这个问题长远讲肯定是要解决的。"

高税压力下 香港优势突显

FT中文网艺术评论观察员周文翰在《香港国际艺术展要火过中国大陆》一文中说，香港艺术品进出口零关税，相比之下进入中国大陆售出则需要缴纳6%的关税和17%的增值税，此外，香港的自由港经济政策行之有年，配套的金融服务、出入境管理乃至语言等工作习惯对外商而言更便捷通畅，就地理位置而言，香港也处于东亚、东南亚各国航线的交叉点，有一定的交通优势。这也是香港艺术展比中国大陆红火的原因。

"这几年确实有很多画廊因为各种各样的原因都离开，而因为查税事件也在一定程度上加快了这个速度。因为这件事情已经有画廊开始搬往香港，还有很多内地的画廊也着手在香港开分部，甚至直接搬到香港去。一级市场非常重要，但也一直都比较脆弱，如果说画廊在这个市场生存不下去，那如何又能建立起一个成熟而健全的市场呢？我们不能仅仅卖一些瓷器、书画这些，这不是在面对当下的市场。"北京邦文当代艺术投资学术研究部总监赵孝萱认为受到影响的首当其冲的是画廊。

画廊的压力更是大，甚至有画廊要求自己代理的海外画家来国内完成作品，也有不少画廊被迫搬移到香港、台湾，在内地的展品则以"暂时进出境货物""租借品"报关，这样也无需缴纳关税等，但需要交纳保证金以及在一段时间后出境。

被誉为民营美术馆第一人，今日美术馆馆长张子康认为：即便美术馆是公益性机构，但如果画廊和拍卖行都跑去香港交易，公益性机构再发达，也会受到整个文化艺术产业不发达的间接影响。所以希望政府继续加大支持力度，学习境外发达国家和地区的做法，配套文化的政策环境和生态环境，这样中国的文化事业才有更大的希望。

长江商学院教授、艺术市场专家梅建平认为，中国艺术品市场本身的交易成本就比较高，如果再加上各种税负，会使得这个交易成本变得更高，不利于这个行业的长远发展。在他看来，减税对于促进文物回流、国际艺术精品进入博物馆公共收藏等都具有积极意义。他甚至建议，艺术市场减税应该成为今年"人大"要解决的一个问题。他说："现在的税收政策，让海外

傅抱石　山水

精品很难进入中国内地。这不利于大的文化发展战略。从这个角度讲，'人大'需要从大的文化发展战略、整个经济的发展战略角度出发，研究出更合适、合理、优化的税收政策。"

业内人士亦透露，文化部正在起草《艺术品市场管理条例》试图规范市场。文化部市场司副司长庹祖海此前介绍，由于在工商登记里尚无画廊这样一个行业，各家公司登记的名称和业态五花八门，这与现实中每年几百亿元的画廊交易额的状况显然不相适应。而现在画廊的经营活动要按照一般的交易交增值税，却很难有发票做抵扣，此类税收政策也需调整。

就中国艺术市场目前的发展状况而言，规范化可以说是从上到下的一致呼声，而税收政策的调整理所应当是市场规范化的一个重要组成部分。市场的规范化，归根结底还是一把双刃剑，政策制定方也好，市场参与方也好，在享受到规范保护的同时，也必然要履行一定的职责与义务。相较于欧美等国的艺术品进口税率，政策制定者仍有较大幅度的退让空间。如果日后税率仍能持续下调，无疑会促进市场规模的扩大，增强中国在国际艺术市场上的竞争力 。

就在查税风波同时，国内首个空港"文化保税区"——北京歌华"文化保税区"项目日前落户北京。据人民日报报道："文化保税区"投资总额50亿元，预计于2015年全部建成并正常运营，年营业额将超过500亿元。负责中心运营的歌华集团总经理李丹阳介绍说，天竺综合保税区享有的"免证、免税、保税"优惠政策，都将被应用在文化产品贸易方面：区内企业自由文化贸易；国内文化产品、原材料进区退税；国外文化产品进区中转及存储免证、保税、交易免税；外贸及合资文化贸易、中介、生产企业特许入区。"在保税区内，文化企业可以省钱省时间。"李丹阳举例说，一场高水准的大型艺术品拍卖会，拍品总估价动辄近10亿元，按照规定，境外艺术品入境正常报关，需要先交30%以上的关税、增值税等，数亿元的资金占压对企业来说是个不小的负担。"这也是此前国际重量级大型艺术拍卖和展览很难登陆中国的一个原因。"今后，在"文化保税区"内，可免除这30%以上的税费，只需要缴纳一定的服务费。因而"文化保税区"一时间又成为了新的关注点。

超凡的世界

——访中国国家画院常务副院长卢禹舜

采访人：温美玲

受访人：卢禹舜

时间：2012年5月17日3点30分

地点：中国国家画院

卢禹舜

1962年5月15日生。现任中国国家画院常务副院长，中国艺术研究院博士生导师，哈尔滨师范大学副校长。中国美术家协会理事，中国画学会副会长，第二届"全国中青年德艺双馨文艺工作者"荣誉称号，中宣部四个一批人才，有突出贡献优秀中青年专家，享受国务院政府特殊津贴。

中国国家画院常务副院长卢禹舜个人山水画展将在中国美术馆举行，此次展览的筹备情况怎样？他的代表性山水画作品背后，有他怎样的思考和选择？作为一名专业画院的画家，他对自己的创作有怎样的认识和理解？他对当代山水画坛又是怎样看的呢？近日，笔者走进了卢禹舜老师的办公室，就以上各方面的问题，采访了这位在当代美术界享有盛誉的山水画家。

一、谈展览筹备

温美玲（以下简称温）：卢老师，得知您今年即将在中国美术馆举办个展，我向您表示祝贺，同时也想请您介绍下展览的筹备情况。

卢禹舜（以下简称卢）：展览正在筹备过程当中，都在按照原来的想法做，一步一步推进，没有特殊情况我估计正常展出应该没问题。展览的作品都已经准备好了，现在主要的工作是画册的出版。另外，还有一本文集即将出版，文集汇集了多位当代很具影响力的理论家对我作品进行的评论。目前文集中的文稿基本上都到位了，展览时会一并首发。展览开幕时间是2012年9月9日，展厅安排在中国美术馆中厅8、9号厅，展览7天，届时欢迎大家参观指导。

我想，这次展览活动虽然是我的个人画展，但它的主要意义不是为我个人的。此次展览时会有个研讨会，主要是针对当前中国美术现状的情况做一下学术研讨。我希望我的个展开展时能在理论探讨上发挥一点作用，所以说，此次展览它不仅仅是我个人的展览，可能，这个研讨意义要比我的个人画展意义更大一点。这样安排，可能跟我这个稍微有点特殊的文化身份还有点关系，毕竟我是在国家画院负责一点事情，还希望能够对当前的中国美术发展起到一点作用。

温：这次展览对您个人而言，或许既是您前一个阶段的创作成果汇报，又是您新的创作征途的起点吧？

卢：肯定是的。我从未在中国美术馆举办过个人展览，我是把我毕业之后至今近30年的实践成果归纳总结了一下，做这个小展览，对大家、对社会做一个汇报，让大家看看，希望大家多提意见；同时也是一个新的征程起点，通过对以前做一个小结，对以后的艺术实践能提出更高和更具体的要求，然后自己努力再往下走。

温：对中国画家来说，50岁是个很年轻的年龄，您能不能对未来创作谈点具体的思考？

卢：不提这个年龄。对于未来的思考，我是这样一个情况，我对自己未来的创作有思考但没有明确规划。我们要知道艺术它有它的自律性发展，例如现在很多地方倾力打造画派，画派都不是当时叫出来，都是后人去命名的。绝不是说要塑造成什么画派，就能成了什么画派，也不可能人多就成了一个画派。它是通过历史验证，理论家归纳总结，然后叫什么画派。对一个具体画家而言也是那样，不是你想规划成怎样就是怎样，不是那块料能规划出来吗？我是一名在画院工作的画家，这注定我有一个鲜明的政治立场，我的艺术创作为了谁，也很清晰。我的艺术创作就是要沿着这条道路走下去，已经成为我生命当中很重要的组成部分，我一直要做下去，不断充实完善它，不断强化它。

二、谈个人山水画创作

温：您很年轻的时候，作品就多次获奖，在以主题性创作为主流的展览模式中，山水画获奖很难，而您做到了，您那些尺幅大，个人面目强，同时充满着神秘、雄浑的山水意象与晋唐宋元时期的院体画和文人绘画都有很大的不同，给人印象非常深刻，您这些作品创作的灵感来自哪里呢？

卢：我想不仅是我的这类作品创作需要灵感的给予，几乎所有的画家都有这方面的理解和认识，包括任何一个画派、一位画家、一幅画。每一位画家以及他的艺术实践、个人风格的形成，都有他的相对比较集中的自然环境和创作的母题。我受北方自然景观影响相对多一些，生活在山海关以北的自然环境中的时间比较长，对那儿的环境比较了解和熟悉，对那儿有着一种感情的依恋。我的“八荒通神”系列作品，就是以北方这块土地为创作对象和创作母题。我个人理解，我画的不是东北具体的哪一山哪一水，它是对这块土地整体的理解和认识，以及整体的精神上的把握，从而塑造出来一种图式和形象。这样的图式和形象展出后，效果很不错。我个人觉得，北方这块土地对我的艺术实践、艺术创作有着比较深刻的影响，自然的给予还是比较重要的。

温：您的作品为什么倾心于那神秘混沌的洪荒世界呢？

卢：中国人和中国哲学，特别是山水画，还是崇尚自然的。在艺术实践过程中，技能技巧与自然联系的非常紧密，“人法地，地法天，天法道，道法自然”，最后还是要落实到自然当中，我们每个人都是自然的组成部分，生活在自然界中，各自有着对自然不同的了解和认识，这是形成区别于他人画面的一个最重要因素。

其实我们人类到现在为止对自然的研究理解和认识还是混沌不清晰的。自然太伟大，太神秘了，只要有人类的存在就会不断地去研究、认识自然，但把握它是很艰难的。而这种神秘莫测，我们了解的太少了，用绘画这种语言也是难以表现出来的。在这样的情况下，我的作品能够让别人感受到一点点我们对自然的这样的一种敬畏我觉得很欣慰。从绘画本身来说，越是很艰难的，对于我们来说越是应该去追求的目标。自然是神秘混沌的，而这种不可知的东西可能是我们这些人一辈子要去探寻的。

温：这些作品的画面内容也很丰富。

卢：这一类型的作品，我觉得是我们生活中美好纯净东西的综合性体现，有山有水有花有鸟，等等，它们都是自然界的灵魂。

温：您还有一类山水画，笔调轻松、写意畅怀、诗意盎然，但同样个人面目清晰，这类作品显然与文人画有着某种关联，想请教您一下，您内心对传统文人画是否有着某种依恋呢？

卢：对于中华民族文化传统和传统文化，艺术家尊重、学习、深入研究是很重要的。这是个基础，只有在这个基础上，我们才能够有创造有发展，所以我对它不仅仅是一个依赖问题，事实上我们这些人骨子和血液里都应该有一脉相承的东西，这种一脉相传不用我们努力地主动去做，它是自然而然在血液里流淌的。儿时我们受的这种教育，感情上自不必说，单是生命的一个很重要的组成部分，要出成果、出成就没有它的益养都是不可以的。作为画家，我和其他中国画家一样，是自然而然千丝万缕地与其联系在一起的。现在我们对中国民族文化传统和传统文化的理解和认识就这样了。

关于文人画，可能和中国文化特点、特别是中国画的特点有关系。由于我们工具材料的一种特殊的使用，使得文人比一般工匠更能够掌握这样一种材料和工具，而且他们在抒发胸臆的过程中利用这样一种材料形成形象的时候，就自然而然地表达了文人的一种情感。

卢禹舜　精神家园系列之一　68cm × 68cm　纸本设色　2011年

卢禹舜　精神家园系列之二　68cm×136cm　纸本设色　2011年

这个过程就有了文人画、文人画传统和历史。

我觉得文人画是有着非常优秀的方面的。文人画画或者是画画人有着一种很高程度的文化水准在里面，这是一个非常优秀的传统，这是区别于其他艺术流派的很重要的一个方面。所以这个传统需要继承、发展、发扬，这都是非常好的。但从另一个角度来说，我们现在有着很明确的画家身份，由于这样的身份使得我们对绘画上的要求就更高些，现在除了要有对文化对文人画的文化高度的追求之外，还要在真正的绘画语言方面，包括技术绘画本身有一些要求。要有这方面的能力、水平和特点，然后还要解决好作为真正画家的一种能力，我觉得也是很重要的。但是我觉得，当代画家不同于历史上的文人画家，不能以那样的标准去要求他。

温：您的作品经常盖上很多图章，您是怎样考虑的呢？是为了防伪还是其他考虑？

卢：这主要是从绘画形式上去考虑，没有防伪的意义。中国画区别于西方绘画的鲜明特点，就是诗书画印的相互结合。这是一种独特的艺术形式。我想在我的画里把它发挥到最佳状态。有书法，有诗词，我写不好诗，就借助于唐诗宋词等，书写唐诗宋词的过程也是学习的过程；同时我也经常用一些图章在里面，在画上打图章是东方艺术中华民族最具特色的艺术形式，所以我就采取了这样一种办法。

三、谈当代山水画坛

温：您是一位山水画大家，我想请教您一个有关当代山水画创作的问题，那您觉得当代山水画坛创作存在哪些问题？

卢：存在什么问题，是不是要有一个什么倾向，现在我还看不出来，倒不觉得存在问题。现在整个中国画界呈现一个很好的发展态势。从中国画繁荣发展这个角度来说，现在应该是中国画创作、中国美术发展创作的最好时期，在这样一个大环境下，怎么去繁荣创作，

卢禹舜　精神家园系列之三　68cm×136cm　纸本设色　2011年

怎么出精品力作，这可能是我们应该更多思考的。我个人觉得要强调学术性、思想性、艺术性。目前，山水画呈现出一个繁荣的大景象，百花齐放，百家争鸣。

至于风格的探讨，人与人之间的差别，对时代的一种个性化的理解和认识，我觉得都应该是被允许、理解和提倡的，要不然艺术创作可能会出现千人一面的局面，这是我们最怕出现的。百花园中各有一花，这应该是这个时代所需要的，需要我们去做的，自然而然就出现一种方方面面繁荣的大局面。我是有这种感觉的。

温：您是怎样看待中国艺术与西方艺术的异同呢？

卢：中华民族文化以鲜明的个性和特点立于世界文化之林，它的体系非常完整，和西方文化共存，绝不是西方文化的附庸和附属。我们的文化地位和作用不用质疑，它有博大的胸怀，宽厚包容的能量，吸纳、吸收、消化的能力是任何文化都代替不了的。比如中国的酒和茶文化，它们本身有着一种文化内涵在里面，这样一个几千年文明于一身的载体，大家都可能喜欢。我创作有一系列作品“八荒通神”，通过这个联想到出一款“八荒通神”酒，正在做着，很快就能面市；“八荒通神”茶以后全国都会有售；我还用我的绘画元素创作理念做服装的品牌，目前正在生产过程中，期盼着能够在画展的时候做出来。

四、谈艺术与日常生活

温：多年来，您一直身处美术界领导岗位，您是如何处理您的专业创作与日常工作的关系的呢？

卢：不少人都曾问过我这个问题，我觉得应该综合性地去理解，如果单纯的从行政工作上去理解，可能会觉得浪费了很多时间或者是不能全心地去搞创作，如果这样考虑的话，可以不去做，为什么还要去做？我还没有把自己理解为完全是美术界的领导这样的身份，我只是在专业的画院里负责一些事情和行政事务。这个角

卢禹舜　精神家园系列之四　68cm×68cm　纸本设色　2011年

卢禹舜　精神家园系列之五　68cm×68cm　纸本设色　2011年

色让我能够更宏观地看自己手中的笔，能站在更高的角度去看待整个美术界的创作实践，能够更好地把握时代的脉搏，把握党和国家的政策。这样一来，就不会走弯路，自己的创作之路会走得坚实，走得踏实，走得比较积极向上，从这个角度去考虑，这样的身份对自己的艺术实践还是有很大帮助的。

温：生活在这样一个很繁杂的社会里边，您的作品中为什么还能体现出那样一种清雅脱俗的与世俗联系不是很紧密的东西呢？

卢：那可能是我的一种追求和向往，我生活在这样的环境中，反而使我更加想要去追求那种超凡的境界，因而在实践中，使得我能够那样去做；另一个角度来说，它是我内心清净、干净的一种反映，至少这个社会环境提供给我的，我都觉得是自然和社会对于我无私的给予，要是有一些抱怨，有一些不满，这都不是对于自然和社会的正确认识、理解和回报。要在这里面找到最好的、最优秀的、最值得珍惜的，把它运用到生命中最重要的工作当中去，我觉得还是挺重要的。要对社会、自然心存感恩。既然给了如此多的东西，为什么不把它认认真真地消化理解呢！

温：对您而言，画画是休息和修身养性吗？

卢：画画不是休息，我觉得搞艺术创作不能完全把它理解成为修身养性。画画绝对是修身养性最好的一件事情，但真正搞创作是很痛苦的，它需要融合很多东西在里面。对于我们来说，为什么我一直强调我是画家身份，首先要有绘画基础在里面，有一个扎实的生活基础；其次要有对民族文化传统、对自然很深的认识理解，这些都是非常重要的，文化创造、创新能力，是作为好画家都该所具备的，如果不是这样的话，也很难会成为一位好的大画家。是不是？

温：我看任何能画画的时间您都不放过，有时身体会觉得很累吧？

卢：道理上应该是这样，但这个工作是自己非常喜欢和愿意做的事情，是将生活联系在一起的一项很重要的工作，缺少不了的东西。拿起画笔就感觉踏实，睡觉前回想时，今天如果没画几笔，就会有不踏实的感觉，就感觉生活好像没有着落，今天可能有饭吃，明天早上起来还不知道怎么样呢，就是那样一种心情。这已经没有办法了，画画已经成为我生命当中很重要的组成部分。

温：看您的状态，是累并快乐着。

卢：对于我们来说，在身体状况和年龄都允许的情况下，能够为社会做一点贡献，发挥一点自己的作用还是很高兴的，我们毕竟是国家画院的画家，为国家做一点事情是应该的。我们首先要明确该走一条什么样的路，要为谁走，要怎么走，通过这样按照国家要求走，努力把自己培养成德艺双馨的艺术家。走哪条路？为谁走？怎么走？这些都需要有德艺双馨的艺术家去完成，我们国家画院的画家更应该明确这样去践行。

温：您有微博吗？您对微博有何看法？

卢：微博的这种方式是这个时代进步的标志，太重要了。必须要做好，很神奇。这些现代化的好东西不去做不去看是不行的。有精力的话我也会去做。

温：您在家乡那边的美术馆还要经常回去吗？

卢：有事要回去。

整个采访对话过程中，卢老师画笔几乎未曾停下，俯身于画案之上……

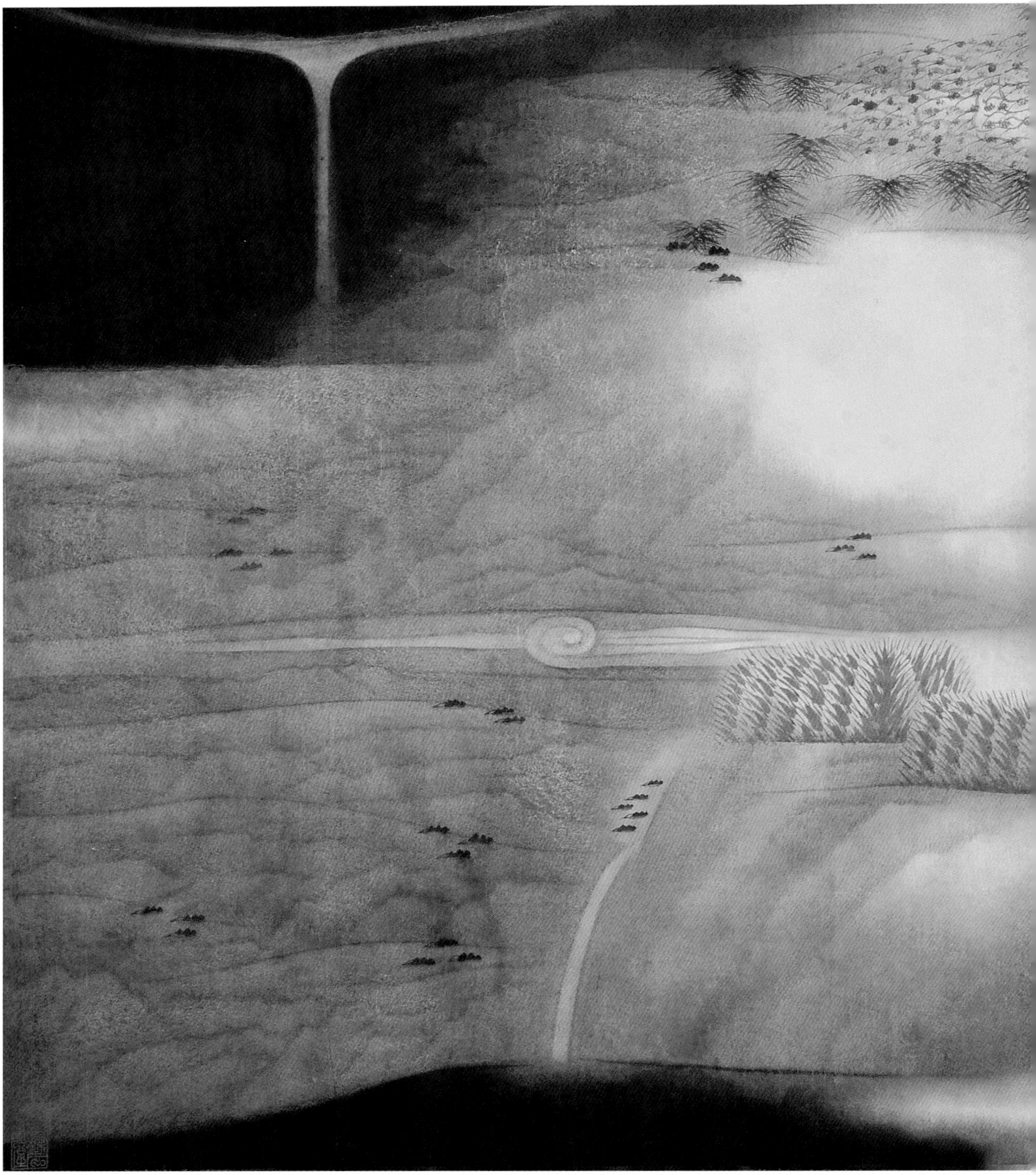

卢禹舜　静观八荒系列　96cm×176cm　纸本设色　2011年

众名家评论卢禹舜

张晓凌

禹舜的三个系列既表达了三个不同的人文向度，也是其风格、图式探索过程中同中见异的三个方面。从历时性的角度，可以大体勾勒出这样一个思想演进的轨迹：从“静观八荒”系列的澄怀味道，到“唐人诗意”系列的古典精神与家园叙事，再到“欧洲写生”系列的异域人文之美，禹舜在数量庞大的作品中完成了一次神秘的精神轮回，也同时完成了新山水风格体系的构建；从共时性的角度看，这三个系列仍处于不断推进的状态中，在精神上秘响旁通，在语言上相互依存，共同呈现出卢禹舜精力弥漫、奢华丰富的创作状态。

水天中

他的诗意图画有一个旋律对比，那就是自然的庄严、神秘、优美和人事的短暂、倏忽和偶然。恰如西方诗学所揭示，诗的本质“先是对客观事物的悲怆思辩，后是安慰，最后是创伤获得医治”。卢禹舜的山水画是在清醒地感知人的微渺之后对崇高永恒的自然礼赞。但他的心境并不颓放，他对人的精神价值并不持悲观主义态度。我们可以从他的山水画创作中感受到一种昂扬的人文精神。

邵大箴

他的山水画语言发前人之未发，给人耳目一新的“陌生”感和某些神秘感，构思缜密，构图讲究，成为20世纪晚期领风气之先的青年画家。近十多年来，他在“用心感悟自然”的理念下，笔墨语言更为纯熟、丰富，更富有变化，更具神韵，也更注重格调在情趣，兼有北方之苍茫宏大和南方的精致幽微。卢禹舜个性面貌鲜明和独具风采的绘画创作，丰富了当代中国山水画艺术的宝库。

刘曦林

精神的表现，哲理的隐喻，都是形而上的物事，他那对称的图式格局亦是这种理性思维的造型形式显现，或者说是视觉秩序化的理性。但他又像所有艺术家那样具有感性思维。比如，他那林木中的女人体和大结构中似是而非的人体符号，恐怕都有他对人体之美的感性表现，又有些天为阳、地为阴的隐喻。那么这图像就体现了他感性与理性折中、综合的思维特征。这种思维正是传统的“思无邪”的君子之道，“国风好色而不淫，小雅怨诽而不乱”的尺度。

郎绍君

卢禹舜无疑是水墨写生的高手……他的艺术才能和功夫，在“欧洲写生”系列中得到了最集中的体现……卢禹舜或许是迄今欧洲写生作品最多、也最有自觉探索意识的画家。“欧洲写生”的画法与风格，多以工笔勾画建筑与树木，以写意处理墨韵与色彩，把西画式再现与中国式表现融合为一，既精严其形质，以暗合欧洲的人文理性与科学精神；又纵放其情愫，以抒发一个东方画家的诗情。

陈传席

北人南相，南人北相，据说都是很有出息的，甚至都会很杰出。……卢禹舜的画，线条并不粗浑，而是细秀的，他是北人，但画却有南相。所以，他的画也很优秀。南画又是简约空灵的，而卢禹舜的画却并不简约，他画得充实而丰满，这一方面，又是北相，但充实丰满的笔墨并不粗浑，又有南韵。所以说他的画能集南北之长，有南画之骨而有北画之形，有北画之气而有南画之韵，这是卢禹舜绘画的特色。

贾方舟

如果说"静观八荒"系列是卢禹舜的艺术在精神上的一个升华，那么，"欧洲写生"系列则是重返"感性"的艺术基点，它预示了又一次新的轮回和新的起程。……"静观八荒"系列是神性的、精神的、形而上的；"唐人诗意"系列是灵性的、诗意的、文化的；"俄罗斯、欧洲写生"系列是感性的、现实的、异国情调的。它们体现着艺术家三个不同方位的艺术追求和三种艺术境界。它们的共同点都是出自一种平和的心态、宁静的心境，都源自一个虔敬的艺术心灵的创造。

刘龙庭

从章法构图、山石皴法、烟云草木、瀑布溪流、幽禽飞鸟、舟楫房舍等等来说，卢禹舜的山水画较前人作品的构成因素丰富了很多……画家大胆地将现代人的思维植入了传统绘画之中，营造出新的样式与新的意境。另外，在"唐人诗意·田园"系列中，画家也有许多的首创，他将农家田园中生产的蔬菜、瓜果、萝卜等植入山水林木之间，无疑也是大胆的尝试，给观者、欣赏者以耳目一新的惊喜，同时也给美术史家提供了崭新的研究课题。

王镛

卢禹舜是当代中国山水画的开拓者。从20世纪80年代后期至今，他不仅在东北黑龙江山水画创作领域开垦拓荒，陆续创作了"静观八荒"系列，而且逐渐从东北走向全国和世界，相继创作了"唐人诗意"系列和"域外写生"系列，拓展了中国山水画的意境和笔墨语言，特别是拓宽了老庄哲学与山水精神之间联系的通道，形成了自己个性鲜明的艺术风格——"禹舜山水"。

夏硕琦

卢禹舜的聪明还表现在他不断回归传统的过程中，不把自己变成地道的老古董，殉难于古人的精神坟墓。他双管齐下，一手伸向传统，一手伸向西方。……他致力于现代与古典的相沟通，中西方法的相交融，他以现代的审美观念，理解东方的美学思想，高度发挥创作中的主观能动性，他的创作不是对景写生式的，而是抒写自己对自然的审美感与"因心造境"。他有时打破真实空间，重组画面空间，化物理空间为艺术空间，重建空间的秩序之美，重组空间的景象之美。他的创作实践说明他对"外师造化，中得心源"在新的时代有了新的理解。

陈绶祥

纵观他近作的变化，画幅大抵广阔、意象深远、色彩单纯而沉着，依然布满着各种细碎符号的神秘组合，明显有着求新求变的探索，从视觉联想上，也更易于与当代对宇宙与神秘星空，大地与广博海洋相关联，颇有对当代地球人对广袤宇宙探索意识的启迪。

王仲

从画神秘山川大地，诗意的林泉幽谷到亲近的城乡风景，这个发展逻辑有点从天界回到地上人间的感觉。激发卢禹舜诗情画意的不再是崇高哲学和古代诗情，而是遍布人世间的画家身历目视的城池乡里的现代人居之处……如果要用一句话来概括卢禹舜的艺术，我个人认为，他是中国当代山水画界一位很有哲思的抒情诗人。卢禹舜虽是一位很有中国传统哲学和各种中国传统文化修养的画家，但他并不在画中言说哲学与文化（那是哲学家和文化学者的事），他在画面上还是靠用真情实意创作出来的艺术形象来说话。

孙克

山水画坛早年曾出现过李可染等大师，但现在毋庸讳言，对于传统的突破还缺乏主将——即真正开宗立派的大师，虽然有许多敢于追求、勇于探索的中坚型画家在辛勤努力，但对于山水画的大突破似乎还暂阙如，卢禹舜的崛起和卢禹舜现象的出现是非常令人瞩目的。他别具一格迥于时流的绘画风格，具有开创性，可称之为出新，这应合新时代的要求，杰出作品可理解为先进文化，在这种意义上说卢禹舜绘画是深具时代意义的……

徐可

在作品众多审美意象中最独特的是——灰暗中一丝曙光从遥远的天际穿透乌黑的云层照亮整个世界，它似神明似阳光似人类智慧的觉醒，引导世界由黑暗混沌走向光明。卢禹舜的这种表达方式是对于原生自然的热爱与向往，是用象征的手法还自然以诗意的本色，为现代迷失家园的人类营造一个精神的憩园。画家在这里采用全景平远式构图，以此展现自然的辽阔与旷远，景深的距离感引导着人们俯仰凝视自然的杰作，仔细聆听苍穹的声音。卢禹舜的这种表达方式也是一种哲学的图式阐述。

彭德

卢禹舜的寓意山水画，现代意识与传统因素相互渗透。范宽的大气、王蒙的缜密、龚贤的厚重，在现代趣味的框架内或明或暗地有所体现。他的代表作在构图章法上展示出现代作风，注重平面设计效果，使用统一的色调，都是传统山水画不曾有过的画法。他的画暗合了经典现象学标榜的“本质直观”，即现象与本质合一：画面表现的是本质，却又是直观的形象。他的《静观八荒》《八荒通神》等作品试图表现“永恒的苍茫，永恒的四野八荒和梦幻般的犷邈与深邃的情怀”，这种情怀也是对现代化进程中生态失衡的反思。

王鲁湘

这些以国外建筑为主体的水墨写生画，对山水画家来说，不是能轻松胜任和驾驭的，但在卢禹舜手下却显得安车熟路，结构之精巧，笔墨之灵便，色彩之和雅，意境之安详，处处可圈可点，再一次显示出他心思之缜细，观察之敏锐，处理之干净，手法之利落，……这批经验世界的域外写生提供了理解卢禹舜绘画能力和精神视野的全新角度，这是一个既在过去，又在未来，同时也在当下的艺术家，但不管他的灵魂栖居何处何时，都是在寻找一份美丽的宁静和安详。

张颐武

卢禹舜不仅仅是一个以笔墨悟生命和自然的画家，他还是一个以哲学思考为中心展开他的独特世界的哲人，对于卢禹舜来说，他的墨迹本身就是一种生命的“踪迹”，这种“踪迹”如同人类的语言那样充满着复杂和微妙的张力，而在这种复杂的张力之中，“新自然”和“新人文”的形象通过笔墨呈现在我们的面前，让我们感受全球化时代的中国人对于自然和人的新的理解。

杭间

卢禹舜的绘画有三大系列：“八荒”“唐人诗意”和“写生”，这三者在笔墨上保持了一致性——使画家的整体特征比较鲜明，而在表现重点上又各有分工。“八荒”系列可以看作是核心，卢禹舜所有作品中体现的通彻天地、理性布局和对景物的写实态度，在这个系列中都能得到或多或少的体现；而“诗意图”，则是因为中国绘画和诗文的近亲关系，视觉艺术非常容易通过这种跨学科来寻求自身的变化。“诗意图”的核心观念和董其昌等人作品中的“仿”有神似之处；而写生则使绘画的表达具体可感、丰富细腻。

尚辉

卢禹舜用超现实时空构建的山水画，正是后现代社会这种高科技文明带来的视觉体验。他的“云水观道”“静观八荒”等系列作品，试图在拆散自然时空的框架之后予以幻觉性的重组与拼接，虽然画面的局部形象是具象的，但当它们被拼组为整体的视觉图像时，表达的却是一个非现实的时空境阈，由此体现了山水画对当代视觉形式、人类潜意识和心理空间的探索。很难统计卢禹舜画了多少幅《静观八荒》的变体画，但这些变体画变化的是构图和色调，不变的则是他独特而鲜明的心理图式……

郑工

卢禹舜的绘画以太阴之境环抱元气，在混沌之中

卢禹舜　天地大美 心驰神往 笔遂墨顺之一　136cm × 68cm　纸本设色　2011年

寻找自己艺术的立足点，故其绘画的象征性很强，布满符号，意旨模糊，体现着他那独有的天地观，即由生命阐发开来的宇宙意识所表现的大化山水。与北宋的范宽等人一样，他追求崇高，而与其不同的是，他创造了属于东北山水的“八荒”系列，从而在图式语言及笔墨系统上确立了自己在中国当代山水画史中的地位。

牛克诚

卢禹舜事实上是通过回归中国文化怀抱，把东北地域山水纳入到中国的艺术精神体系之中。他曾经想通过一种形而上的认识和理解，把山水画的境界，尽可能放开到更为广阔的宇宙洪荒之中，从而获得大气派、大风格、大美感。因此，他对宋元山水的汲取，并不是表面化的抄袭，而是精神层面的领悟。在追求大气魄、大风格、大美感的同时，他把东北地域山水的精神，推进到遥远的古代，在中华文明的元典文化中，发现了这种山水的魂魄所在。

陈醉

他很喜欢用一个创作元素——女性的胴体。没有头，没有脚，只有躯干。本来人体作品就已经很纯粹了，它没有衣服，甚至也没有背景，所以基本上体现不出什么社会属性，更有利于纯艺术的观照。禹舜的人物连头部都隐去了，也就是说，唯一一点能表达作为人的思想感情的脸部也不存在了，这就更纯粹而且更神秘了。……这批作品，作者多是标以《唐人诗意·精神家园》的题目。确切的感受，这似是作者梦境的再现，是梦境碎片的拼贴。这恰恰成了禹舜特有的语言，是他对遥远的古人、对朦胧的诗意、对升华的艺术的异质同构的折射，对人生世态的沉淀与感悟。

徐虹

卢禹舜的山水世界容纳了这种将日常经验和超常资源整合，将对人类处境的整体性思考置于艺术构思之内的探求。在他的画中，那些看似洪荒时期的“无人”世界和充满活泼生命的“有人”世界结合一起，形成大对比和大反差。如卢禹舜描绘宇宙和人间关系的系列作品“天地大美　心驰神往　笔随墨顺”等，将“天、地、人”三境界共置于一个画面。画中的三段场景是比喻和象征性的，表现“道”作为自行运行的存在，从人类的理想、从道德境界等显现“道”的含义。

曹意强

自上世纪90年代以来，卢禹舜便以其山水佳构饮誉国内美术界，近年来更堪称中国山水画坛中一位重要的领军人物。其作品不论是丈二巨制，还是尺幅小景，都能够在瞬间吸引观者的视线，进而触动其心灵。究其原因，关键在于他能够在画面中构筑一个独立自足、气象万千的至臻境界。这一境界的大小与画面尺幅无关，而只系于作者的艺术智慧与勤奋实践。

林木

卢禹舜山水画最大的特点是追求山水艺术的精神性，是对山水画天道境界的探索，山水画人文意境的创造，是一种山水人物图像符号在意境创造统领下的超自然组合。……卢禹舜这种对山水画意境的追求及其全新山水画图式的创造，是对中国山水画意境传统的一个本质性回归。在中国山水画意境传统大趋势中断五百年以后，卢禹舜山水画这种回归，在当代山水画史上有其重要的意义。

何西来

这一类作品（“八荒”系列）带有很强的视觉冲击力，无论在构图、设色、意象符号的运用、画面节奏的掌握，还是在主体情感的注入、晕染，以及总体审美的效果上，都在很大程度上突破了中国传统山水画的格局与法式，也不与当代在作者之前或同时的任何一位山水画家雷同。它给我的直感是：原来中国的山水画也可以这样画，也可以画成这样！显得陌生、奇特、神秘、诡异而新颖。画面最突出的特点是静，沉静。一笔一划，都画得认真、细致，褪尽了如影随形的当代商业文化的浮躁，听不到人流喧闹、万头攒动、令人发狂的市井声。

金元浦

禹舜的八荒系列，在无中开拓。回首中国画历史，尚无卢禹舜这种“混沌”描述的绘画摹本。卢禹舜在他的“八荒通神”“道非云水、云水观道”“月印万川”“天地大美　心驰神往　笔遂墨顺”“天有风云物有神”一系列作品中大开大合，既彰显出迥异他人、富于新的人文内涵的“禹舜风格”，也可以从中捕捉到他在艺术创作体验中达到的“审美的浑沌”的新境界。这种禹舜风格是在长期中西艺术的深度交融的“渐修”中，一朝“顿悟”的。

高天民

卢禹舜是一位富有才情和理想的画家。……他依着这种灵性智慧不仅营造出一个以天地大美为特质的融通的精神世界，而且始终追寻着一种以回溯本源为旨归的理想的人文境界。他所提出并努力践行的“八荒通神”的思想，是对中国传统美学思想的继承与发扬，并赋予传统山水画精神以新的涵义。特别是在中国“和平崛起”并努力参与世界的今天，他的“八荒通神”的思想对于中国价值观的思考更是具有了话语的启示意义。

舒士俊

卢禹舜的山水往往纵写旷野，横绘巨壑。他以点画构成来谋局布阵，又擅将岚雾染成氤氲幻变之“青纱帐”，来深蕴其阵势。其勾皴见其山水精严格法、骨格之刚韧苍劲；而其铺染与渍染，则显暝色天光之浑沦幽微，从混沌朦胧中幻见山川之气象眉目与山水肌肤之丰腴柔润、韵致灵幻。细观其佳作，但见勾勒之笔在山水中纵横高蹈、出脱透醒，而其底蕴之铺染则涵浑深沉、聚散沉浮。神采之出脱与气韵之隐现交合，可谓丝丝入扣。

陈池瑜

卢禹舜还结合现代宇宙观和太空观及宗教意识，来体悟天体宇宙的宏大无边，描述太空的宽广无比和空间的神秘深邃。他用立轴和横幅的形式，创作了“八荒通神”“天地大美”“坐究四荒”“神静通八荒”系列作品。这组作品，以全新的空间构图和语言形式，表现天地宇宙的洪荒无际之大美，作品具有苍莽、宏壮、神秘、深邃、幽远的视觉效果，可谓天风浪浪、海山苍苍，极具唐代司空图《诗品》中所说的“雄浑”风格。这组作品是中国山水画史上的崭新成果。

徐涟

在他的艺术创作中，传统的笔墨意味，现代的观念与手法，二者如此和谐地统一在同一个画面当中，这也使得他的画作能够符合当代审美需求——画面的丰富性，使得他的每一件作品都包含着大量的信息，绝非一目了然的简单物象；模糊性与不确定性，大量象征性的文化符号的使用，使得画面传达出不确定性的多重含义；对自然景物采用片断式截取的方式，将其碎片化、抽象化再进行拼贴，每一个碎片都精美无比，这也使得每一个局部放大后都成为又一件完整的作品。而不确定性、符号化、抽象化等都是当代艺术发展的重要特征。

李公明

（卢禹舜的山水画创作认识）“我努力在感悟自然的过程中，建立自己的图式结构、水墨符号体系和建立自己的山水理念。”……这种认识既是对中国艺术伟大传统的继承，同时也有自己的自觉意识；他的“天地大美”系列正是这种自觉意识的艺术实践。同时也可以说，这种认识在某种程度上也是当代山水画家中比较共通的精英意识，卢禹舜是其中比较自觉与有成就的代言者。

齐凤阁

“八荒通神”系列作品以对物象的三观化处理，与对布局的精心设计及超大场景的营造，使其视觉形态与众不同，并以强大的视觉冲击力给人以心灵震颤。这种图式在中国绘画史中很难找到，不仅与同样崇高博大的范宽的山水画构图有别，而且与同样表现北国景观的北大荒版画的范式不同。其中颇富新意的从天际流注的生命之泉，作为图式中标志性的符号，既是图式的重要组成部分，又与整体图式一起显现着作品神秘、深邃、博大的个性气质。

胡东放

在卢禹舜的艺术中我们还能看到那些地方特色元素与各种不同绘画元素之间的多种形象、意象、抽象层面上的变化组合：如地方特色与古典精神和气韵的组

卢禹舜　天地大美 心驰神往 笔遂墨顺之二　136cm × 68cm　纸本设色　2011年

合；北方风景的大气和南方风情的柔美的组合；地域山水与古典文化的组合；塞北风光与现代设计中构成精神的组合；北方山水精神与域外景观的组合；还有地方要素在不同绘画时空形式的组合等；如果我们仔细读卢禹舜的那些绘画，会发现：在卢禹舜那具有中国古典传统、融汇某些西方形式质料、联合诸多通感要素的各种组合里，地方特色的原质性元素都是构成他艺术的独特风貌中形式和内涵的一个很难被忽视的部分。

万新华

画家在传统中融入自身独特的生活思考和生命体验，在直面社会生活中升华出了新的精神境界和形式美感。这些作品洋溢着一种超凡脱俗而又与山林泉石和谐相处的情调，独具古雅的文化韵味。可见，在唐人诗意画中，卢禹舜的山水精神性定位表现出画家在传统文化与现代文明之间的综合把握能力，以及将审美主题向现实层面推进所作出的努力。无疑，他在对传统文化精神的反思与传统笔墨的整合中，焕发出独特的艺术神采和积极的社会价值。

徐恩存

他以自己的智慧、创意和求索精神独创了前无古人的山水文本，他的作品从初始的“山水大地”日渐升华为“人文大地”，从赏心悦目提升到“乡愁呼唤”，从“一方水土一方情”提升到“精神原乡”，这是一个循序渐进与逐步提升转换的过程，是心灵的提升，也是审美境界的提升，这个历经20余年的过程，对他个人来说，可谓漫长，对历史全局而言，不过弹指之间，但他完成了一个重大的艺术转型，在当代山水画坛脱颖而出，自成风格，为山水画史增添了新的一页。

黄宗贤

卢禹舜绘画的三大超越、三重境界不单是对中国传统人文精神的一种刻意追溯、一种文化责任下的价值取向，而且是自我心性的自然流溢，是中国艺术血脉的自然跳动。故在其作品的整一性、完美性、视觉性中，并无雕琢之迹、故作之痕。更重要的是，他承扬了传统，延绵了精神文脉，又超越了传统，校正了传统流转过程中被偏离的轨迹和被疏离与遮蔽了的精神。

付京生

卢禹舜先生的作品，乃是使艺术创作真正回归人文本体，使得人们一旦参与艺术创作或欣赏，即是生活于以德修身、明心见性乃至“为文化所化”的生命体验之中，使得人的“性”“情”“命”，能在性灵化的绘画空间拓展出的文化长河之中（在前述的“以观空者观时”的过程之中），得到文化生命之水的源源不断的给养、浇灌，并由此会使人的生命气息越来越清新旺健，或是，越来越壮阔磅礴。

梅墨生

由于卢禹舜的艺术气质倾向于思考与抒情，而不是叙事与描画，所以，他的“唐人诗意”类作品仍然恪守一贯的浪漫方法，仍然在意象世界徜徉，而不是落入具体场景描写。与其说他的诗意画是具体再现唐代诗人的吟哦生活故事，不如说他的诗意画是抽象表现种种诗意气氛。画面上的时空是被色调弥漫的，同时也是被色彩遮盖的，有一种历史的悠久意象迷离在画面上，观者总不能透彻地看到所要“看”到的内容，就如《蒙娜丽莎》的笑，给人惊异与追问。

陈鸿彝

言为心声，画为意象。卢君之画，情意外泄之象也。“大象无形”，无形而赋之以形。天地万象，美不胜收，寓于目而沁于心，化于心而命之笔，又以丰厚的学养润泽之，故愈出而愈奇，愈推而愈新；此犹不足，作者又题之以诗而明其志，钤之以印而醒其目，配之以书艺而增其趣，从而成就了体制独特而又涌动了中国传统元素的“禹舜山水”。

张桐瑀

卢禹舜的山水画是倾向于“无我之境”的营造，他把自我化为了自然的一部分，以自然中之我、以万物中之我静观宇宙、静观八荒、静观万物，此时的画家没有了现实社会的功利之念，宇宙自然与自我，贯通一气，似乎进入到了“禅定”境界。可以想见，以无我之境创作出的绘画作品，也一定具有超越万象之表、摒弃物形之累的神性，没有一丝尘俗气息，没有了凡人的扰动，画面澄明透彻、一尘不染。

于显达

人是宇宙自然中一份子，都有渴慕林泉回归自然的精神需要，禹舜山水不仅满足这样的需要，而且以“人文山水”的内涵提升到与宇宙对比的高度去觉解人生的意义与价值。使人生这个小宇宙在与大化这个大宇宙共生、共荣、共生息的节奏当中，达到物我两忘，与天为一的无差别境界。人类社会是一个功利社会、如何去掉私欲，净化灵魂，达到人与人、人与社会、人与自然和谐共处无私无欲的境界，只有站在宇宙的高度来觉解人生的意义才能达到，这正是禹舜山水对人生终极关怀的意义。

于海东

纵观“八荒通神”，人云亦云的山水同形不见了，难分彼此的孤舟同系不见了，你曲我折的飞瀑同白不见了，宣纸平面上每一寸空间都充满了光影相融而成的全新生命色彩，无迹可寻而又完美存在，将对远古的思念刻画得如梦如幻；呼吸着画家思想的线条穿行其间，伴以画家那一颗永远保持清净的内心，结构出弹指可拨的史之韵律……他很自信也很明白，艺术一旦达到自我绽放的境界，精神自然会升华成充满感召力的生命形象，为此他一心潜行，通过与自然和历史的真情交换，得以在大爱中创造大美。

张熙恩

“静观八荒”体现了自然超卓之伟力给予画家的心灵震撼，而“唐人诗意”则在随缘、流动中展现画家的宇宙意识、文化胸襟与生命情调。至于“俄罗斯写生”和“欧洲写生”系列，则完全有悖于前两者的追求，体现出一种“崇尚理性的异域文化精神”。他将欧罗巴的静谧与神秘呈现出来，但又裹挟着一种表象平淡、内在辽阔的豁达心境，体现出一种“宁静致远”的心态。显然，这种文化感觉十分真切、自然，带有某种天真的率性与浪漫的无羁，跃然目前而又凸显内心的是一种彻头彻尾的安详与平和。

周国梁

面对卢禹舜的“八荒通神”系列作品，东方人也许想到鸿蒙之始开天辟地；西方人也许会想到诺亚方舟翩跹而来；老人可能会想到太上老君悠游仙境，孩子可能会想到哈里波特的奇幻世界……，因为作品所展现的“象”指称的外延不确定，所以我们读禹舜的画也要采取观象的方式，“可以兴，可以观，可以群，可以怨”，随所以而皆可也。作品给人似曾相识的文化吸引和前所未有的审美体验，所展现的情境人人心中有，人人笔下无，轻松地跨跃了艺术的国界和文化的藩篱，不着一字尽得风流，具有直指人心的力量。

陈明

他将水彩和水墨的技法相融合，创造出兼跨中西绘画的艺术效果，水墨画的用线与水彩画的渲染，中国画的墨与西洋画的色彩，竟然在这一刻不露痕迹地交融在一起，自然而生动，活泼又不失严谨。……观者不仅领略到活泼的色彩和写实的造型带来的审美上的愉悦，还在心灵上感受到温暖和谐的艺术氛围。实际上，画家并没有刻意展示其坚实的造型功力，而是通过一种温情脉脉的方式，来向我们展现出他对于自然、对于人类、对于生活的人文情怀。

周艺文

“八荒通神”是禹舜开创“中国风格”的代表作，他的新人文主义价值取向与精神内核，与儒释道的传统美学风范，无不打上了“国家标准”的印记。什么是“中国风格”与“国家标准”？禹舜先生与他同时代的艺术家们还在一笔一画地追问。“八荒通神”是中国画的当代意义的突破，更是饱含了禹舜先生温暖、神秘、诗化的新人文艺术理想。“八荒通神”是东方的、更是中国的当代艺术之魂。

初中海

卢禹舜先生的山水，是对中国传统绘画一种超越式的构建而走向逍遥的心灵艺术；一种寓心于景的“人格山水”；一种笔墨体验与心境体验的完美契合；一种意象与境界的的高度统一。其雅正的古典特质，浓郁的现代气息，共同构成了中国当代山水画坛上的一道绝胜的风景。

卢禹舜　天地大美 心驰神往 笔遂墨顺之三　136cm × 68cm　纸本设色　2011年

梁劲泰

在卢禹舜先生的山水画中，我们可以看到阴阳之道的表现，在《神静通八荒》《八荒通神》《坐究四方》等作品中，大气磅礴，表现了混沌开、阴阳分的状态。描绘的正是《周易》中的“在天成象，在地成形，变化见矣。是故刚柔相摩，八卦相荡，鼓之以雷霆，润之以风雨；日月运行，一寒一暑。乾道成男，坤道成女。乾知大始，坤作成物”这一境界，也可以用杜甫《望岳》一诗中的“造化钟神秀，阴阳割昏晓”来表达。

陈渌

从某种意义上说，山水画是心灵的艺术。在卢禹舜的山水画中你会读到那种至善、至美、至纯的画面语言。可以说，他的山水画始终追摹着人与自然的和谐关系，并且通过形而上的认识和理解，把山水画的境界尽可能地放到更悠远更纯净的宇宙洪荒之中，从而获得大气派、大风格、大境界、大美感。在这种对中国山水文化和中国人的精神境界的追寻中，画中那个理想的世界也成为卢禹舜画外追寻和努力的目标。

董雷

纵览禹舜先生多年创作之成绩，尤喜其近几年的“天地大美　心驰神往　笔随墨顺”系列，较之前些年的“八荒通神”系列，“天地大美”更多了几分笔墨情趣，虽象征性和神秘性的语言特征较“八荒通神”有所削弱，但画面所传达的洪荒气质不减。如果把“八荒通神”系列比喻成来自远古的孤寂呼唤，那么“天地大美”系列则彰显出一个乐观主义者的怡情和恬淡。相较以往，“天地大美”的画面气势依然庄严宏大，然于细节处更精美含蓄，既有北方山水之高远雄浑，又得南方山水之氤氲缠绵，气象、境界均更进一步。

常欣

他发展了中国传统画史中一向不为史家所重的“染”，走向了主观心象的表达和内心情感的抒发，其画中的物象几欲不能辨识，而在视觉形象的丰富朴茂方面，则达到了一个苍茫寥廓的“心象山水”。在这一意义上，卢禹舜已经站在了传统与现代的临界点上，预示了新世纪中国水墨转向意象的历史趋势。有独创，给人以耳目一新的感觉，也就自有特殊的审美性。卢禹舜的《静观八荒》《八荒通神》，其雄伟的气势、浑厚的笔墨，夕照之金光，完全不同于传统的表现形式，给人的审美也是独特的。

冯晏

画家卢禹舜的艺术创作主要侧重的两个方面，我认为，就是远古和未来。他的“唐人诗意”深入呈现了古人的精神家园，而“静观八荒”对宇宙和未来的展现犹如梦境。他在“静观八荒”组画中绘制的这幅梦境长卷，的确是宇宙的。画面铺开的西方美术中所延伸的强烈色彩以及对空间观念的理解，同时采用西方哲学分析式精细思维方法，把东方水墨的丝绸纹理糅入其中，在一个画面中，宽阔和精致和谐互补，恢弘而深刻。

孟艳琴

“天地大美　心驰神往　笔随墨顺”系列作品在表现手法上也默契了艺术家心灵的感悟，用一系列对比性极强的表现语言使天地大美的深邃、包纳与心灵理想的灵动、自由的境界形成对比。构图通常采用垂直对称式，以彰显神圣、宁静、博大、丰盛的宇宙大美之意蕴。艺术家常将大美之天地气象置于画面上下两端；而中间则在黄金比例分割之处，将理想的精神家园安置其中，以突出其灵动。两端的墨色与气象沉稳、幽深；中间却常留白以烘托心灵圣境之灵动与生机。

王跃奎

卢禹舜第一次解放了中国画色彩的自由，直接用色造型，实现了色彩自身的完美组合和丰富变化，而线墨却成了恰到好处的点缀。在色彩的叠置与并列中，黄色与兰紫色的灿烂对比，或砖红色与粉绿色的和谐相处等，都极其典雅清丽。可以看出，画家有着良好的西画修养。崭新的载体给卢禹舜带来崭新的艺术面貌，在色彩表达上，卢禹舜又迈出了可喜的一步，也使中国写意山水画在色彩方面的探索取得了可喜的成就，大大开拓了写意山水画的用色技巧。

王春雨

卢禹舜画作中的房舍、舟船、人物、花鸟、草虫等形象，不是类似图解式的形象关系，不是用来说明人文精神的，而是人文精神的化身、是他内心世界的代言、是现代文化情怀的形象符号，那是天地境界真实的物质再现。他把通过“返复”过程而悟得、体验到的天地“大美”以这样的形式语言展示出来，他把人、自然、社会和宇宙的本然以这样的图示呈现出来，这是他的一切与自然同化、消融于自然后的深邃的、玄妙之境。这样的大美境界作品蕴含着民族文化的内涵契合了时代精神的需求。

王龙

禹舜先生“天地大美　心驰神往　笔遂墨顺”系列作品精美又不失质朴，洒脱又不失严谨的画作清新自然，亮丽洒脱且大气磅礴，既具良好的写实基础又巧妙传递着表达对象特有的神韵与味道，忠实地表现着大千世界的林林总总，又客观地反映着画家本人独立的思想感受。决不刻意讨好、欺人骗己，一如其人洒脱自然、忠实可靠。走近禹舜先生的画作，有一种行云流水般的畅快之感，感觉在流动的笔触中间闪烁着画家对人生，对艺术，对大千世界智慧的感受与把握。

芦海娇

八荒通神系列作品中大多隐隐地出现了人体的形象，这样用上部一方印、左下与右下角各用一方印时正好体现了《三字经》中“三才者，天地人”的奥理，也借此表达其追求“天人合一”的艺术境界。在上部左右边缘线对称式钤有两方印及左下角与右下角各钤一方印的构图方式正是“两仪生四象”的《易》文化的哲学思想流露。如果没有这两种构图的“造化安排”，则静观八荒系列的构图必然有所纰漏，美玉微瑕。有了这种构图手法，便以小见大，以小喻大地将他的画作推出了新的意境。

王秀薇

“静观八方”系列绘画采用全景大尺幅的构图，天际一线白泉直落宇宙洪荒，画面笔墨层层浸染，以黑暗绘成光明，尤其是画面中对“元气”的描绘——画面中无处不在的“云行雨施”的云团，先生书斋正是号“染云堂”，那无处不在的云团正是万物资始的元气啊！“静观八方”系列绘画以独特的视觉冲击力，给观画者以视觉的惊异和对崇高刚健的力量之美的向往，整幅画无处不充盈浸满了这种震撼人心的力量，令人观之如顿觉大自然的雄伟壮阔。

卢禹舜　精神家园系列之六　68cm×68cm　纸本设色　2011年

金新

卢禹舜的山水中有三种比较突出的意象：爱欲、酒和禅。其中，“爱欲”的意象主要以人体为主，辅之以鸟兽虫鱼。而“酒”和“禅”的意象，则或取自生活，或以标志性的点景人物的形式出现。三者都指向人的“自然”真性，指向人在自然中返还的原初的自在性。所谓人文，首先是有“人”，之后才有“文”，“人”是前提和基础。卢禹舜的山水中“人”和“文”的视点兼而有之。更可贵的是，他既没有以“文”来遮蔽“人”，也没有以“人”来否定“文”，而是既站在“人间的”视点，承认和肯定自然的人性之美。同时又以“超越人间”的视点，看到了它的有限性，并将其消融在无限的大道之中。

刍议国画教学的『专业教育』与『人文熏修』

撰文：何士扬

何士扬

1962年5月生于福建泉州，字壬元，斋号：印芯斋、雍言馆，中国美术学院博士、教授，硕士研究生导师。曾先后毕业于福建工艺美术学校绘画专业、浙江美术学院（现名中国美术学院）国画系，2009年获中国美院国画系博士学位。1998年起任厦门大学美术系副主任，2002年调入中国美术学院任教至今。现为浙江画院、西泠书画院、泉州画院特聘画师，中国美术家协会会员。

中国现代教育的兴起，是以西方教育体制为最初蓝本而逐步成形的。建国以后，更是照抄了前苏联的学科设置模式，出现了专业口径狭窄和重理工轻文科的状况。进入21世纪以来，为了适应新时代的需要，我国一方面大力进行办学规模的拓展，另一方面以发达国家为师着手进行了学科调整和优化。应该说，近十年教学规模的增量取得了前所未有的跨越式发展，学科的调整和优化正在朝着更加良性的方向演化。就我国高校的中国画教育而言，其办学历程和所面临的问题也大致如上。其中，中国画教育专业口径狭窄所引发的“专业教育”与“人文熏修”失衡的现象，已经影响到了中国画教育的良性发展，但时至今日并没有引起学界的足够重视。在此，本文以中国画教育的“教学目标”“学理文脉”和“服务社会”三个关键词为线索，就当前高校中国画教学的“专业教育”与“人文熏修”失衡现状作如下讨论。

（一）“教学目标”

一般地说，现代教育是以培养人才、传播知识为主要工作目标的。如果将培养人才比喻为种树育苗，其目的在于求得苗木的茁壮成长，传播知识则可比喻为春风化雨，其目标在于通过知识的传播而润泽社会、利益众生。高校中国画教育的目标不言而喻就是培养与中国画相关的人才，传播与中国画相关的知识。他可能是中国画的创作人才，也可能是中国画的教育人才；它可能传播中国画的鉴赏知识，更可能传播中国画的审美精神。“专业教育”是现代教育学科化教学的重要特性，其优势好比现代的苗木基地，在培养和塑造学生的专业素养和专业知识方面有其多、快、好、省的独特优势。“人文熏修”则好比培育苗木的水土和天候，它是土壤、阳光和雨露的滋养，更是四时生杀的淘练，它在培养和塑造学生的品性人格和文化修养方面至关重要。当中国的现代教育在规模数量和专业化程度都达到了一定水平的今天，我们却时时耳闻“教学水准下滑！”“国画大师何在？”的感叹。在探究原因时，我们又往往习惯于单纯地在教学体制和课程设置上寻找不足，而很少看到或听到在人文教育上下功夫的案例。重“专业教育”轻“人文熏修”已经成为当前中国画教育的普遍现象。

我们常说“教书育人”，育人是教书的目的。很难想象，一个普遍轻视人文教育的传统人文学科可以真正做到和做好重视“专业教育”。古人说“大学之道，在明明德”，弘扬正大光明的德性应该是一切学问的终极目标。大学教育不应该仅仅停留在狭隘的技术教育上，它应该超越职业培训的层面，使受教育者得到更多的人文熏陶。中国画教育尤其应该培养学生力求在人格上实现由“小我”到“大我”的升华，使技术训练变成由内而外的修为历程，进而追求“笔笔生发”“技道相生”的艺术境界。陆俨少先生曾说：“读书可以变化气质”，一个人可以通过研读经典改变自己的价值观进而影响自己的品性和情操。曾国藩更是说“人之气质，由于天生，很难改变，唯读书则可以变其气质”，他还告诫儿子读书要“从容涵泳”。从容涵泳就是接受经典的人文熏修。董其昌讲“读万卷书，行万里路”，良好的品格修养加上不断的实践才能构成中国画家的成才之路。中国画是深深扎根于传统文化的艺术形式，其创发机缘和演进历程造就了它独特的审美追求。由于它所遵循的创作原理和创作法则与传统文化的诸多学科有着紧密的关联，诗书画印的结合就是最好的例证，人们甚至称它为文人画。所以从教学目标上看，无论是培养人才还是传播知识，一名合格的、从事中国画相关工作的人，除了应该掌握中国画相关技能和知识以外，首先必须是一位具有一定文化视野并且对传统文化有较深理解的人。所以，为了更好地达成教学目标，当前中国画教育必须纠正重“专业教育”轻“人文熏修”的现状。

（二）“学理文脉”

“国画”一词（或称中国画）是近代以来为了区别以西方文化为代表的各种外来文化样式，而与“国学”、“国医”、“国术”、“国剧”等同时诞生的专有学科名词。无论从顾名思义的角度想，还是从辨名析理的方法看，中国画的学理和文脉都不可能不连接着传统的中国文化，其传承更不可能不依托中国的文化智慧而发生。历史经验显示，中国画之美是集多门传统学科的精华凝聚而成的，因而，只要中国画教学还以中国画作为学科名称、以延续和发扬中国之美为己任，就应该在其具体的教学实施中更加注意对传统学理的研究，更加提倡“专业教育”与“人文熏修”的并重。

注重和提倡“人文熏修”并不一定必然挤压“专业教育”的分量，相反，它可以使“专业教育”行走在更加理性的轨道上。首先，“人文熏修”有利于培养学生的良好品性，去除杂念，养成为求知而学习的习惯。其次，“人文熏修”可以开阔学生的文化视野，增强理解传统学理的能力，养成发现和创造中国之美的眼光。而良好的学习习惯和良好的学理修养正是促进“专业教育”顺利进行的有力保障。轻视“人文熏修”导致中国画教学脱离中国画学理轨迹的现象实际上长期存在。目前高校中国画专业人物画教学普遍存在的重写生训练轻经典研读的状况，就是重“专业教育”轻“人文熏修”在专业教学中的反应。我们并不否认写生训练在专业教育中的重要作用，只是用什么样的观察方法指导写生可能存在着问题。梁漱溟先生曾说：“凡学问家，必皆有其根本观念，有其到处运用之方法，或到处运用的眼光……真学问家在方法上，必有其独到处，不同学派即不同方法。”我们的教学在解析中国画应该用什么样的眼光进行观察、其背后的观念是什么等问题上普遍存在着不足。不同学派尚且存在不同的方法，何况素描与国画分别产生于中西不同的文化环境，其背后蕴藏着不同的观念和学理，如何能简单地结合在一块、拉扯在一起呢？即使是一定要加以结合，讲明中国画的根本“观念”，说清中国画的应有“眼光”也是必要的前提。轻“人文熏修”所导致的学理不明不仅干扰了传承中国画之美教学目标的实现，而且从一定程度上说，还削减了中国画人才将中国画之美润泽社会服务人群的能力。

（三）“服务社会”

长期以来，由于我们在还来不及消化西方办学理念的同时，便着手照搬了前苏联的学科设置模式，在专业口径狭窄和重技术轻人文的状况还来不及纠正的情况下，又迎来了教学规模增量的跨越式发展，如今更出现了希望用充分量化的管理模式解决问题的倾向。如此层层累积代代叠加之后，技术问题已经演变为人才问题。其后果是，我们不仅出现了“教学水准下滑！”“国画大师何在？”的感叹，还在回应社会需求方面出现了被动的局面。如今，当我们终于迎来了历史上少有的大好时机，当国家将文化发展提高到了国家发展战略高度的时候，当我们的文化产业需要从多年的艺术积累中吸取艺术灵感时，我们却恍然发觉，多年来，我们并没有储备多少具有浓郁传统审美意蕴的经典绘画图象可供挖掘，我们更缺少能从传统美术经典中提炼造形和创发意象的美术人才。以至于如今所能看到的动漫造形总是缺少一点中国文化特色、产品设计总是缺少一点中国意象。中国画教育在艺术教育的学科群中所处的位置，决定了它必须扮演传统审美传承者和发扬者的角色。从学科定位上看，中国画教育保有中国文化的独特审美不仅对自身的学科发展有利，而且对艺术教育的整体学科群有利。当传统学科缺少“人文熏修”，当传统学科的造形训练长期以西画素描作为教学基础的时候，我们怎么能够奢望国人的动漫形象具有中国审美特色、我们的产品造型设计会有中国意象呢？或许大家都有这样的经

何士扬　儒士登高图　68cm×68cm　纸本设色　2011年

何士扬　山水清音图　68cm×68cm　纸本设色　2011年

何士扬　桐荫话闲图　68cm×68cm　纸本设色　2011年

何士扬　观水图　34cm×68cm　纸本设色　2011年

验：在日本动漫影像中，人们常常可以观赏到浮世绘艺术的神韵、可以观赏到东山魁夷风景画的意境。反观国人的动画，我们却很难得能观赏到具有深厚中国文化意境的景象和具有中国文化神韵的人物造形，而看到的常常只是水墨画材料的晕染效果。日本动画有日本绘画的风韵和画境，国人的动画却只有国画的材料和效果（但愿是我孤陋寡闻而不是事实），这笔账不应该算在动漫人身上，动漫是新兴产业，要算也只能算在中国画教育上。解放军艺术学院有位教授告诉我，他曾经十分惊讶地看到黄胄先生生前的一次发言记录，大意是：我们现在中国画使用的是苏联审美，可中国画还有中国画的审美。比如从造型上说，八大山人的走兽按照现在的审美看结构不一定标准，但是看起来怎么就这么有味道，这就是中国画审美。中国画创作到底要使用什么审美进行创作呢？我看还是要使用中国画审美为好。黄胄先生毕竟是一代大家，具有深刻的洞察力和高尚的反省品格，他生前所发出的感慨至今依然具有现实意义。今天的中国画教育工作者，应该向黄胄先生学习，为回应时代需求，努力跨越局限、善尽职责。

由于美术文化既是人类文化的重要载体，又是现实生活的重要内容。中国画审美所包含的历史观和人文观，决定了传统中国画家常常以一种特殊的姿态审视文化和看待生活。而这一姿态，深深蕴含着中国文化的美学智慧。对于当代中国画教育而言，传承这一审美姿态的最佳途径就是“专业教育”与“人文熏修”并重。

2011年10月于杭州

何士扬　面水策杖图　46cm×35cm　纸本设色　2011年

何士扬　松风迎士图　46cm × 35cm　纸本设色　2011年

何士扬　品茗图　70cm×34cm　纸本设色　2011年

何士扬　高士图　70cm × 34cm　纸本设色　2011年

婉约瑰丽 出古入今

——赵跃鹏花鸟画浅析

撰文：吴冠南

赵跃鹏

1966年7月25日生于福建福州，号药朋，斋号甘棠馆；

1990年毕业于中国美术学院中国画系；

2000年毕业于中国美术学院国画系花鸟研究生班；

现为浙江画院专职画家、浙江画院花鸟画工作室主任、浙江省美术家协会理事；

出版有《中国艺术家年鉴·赵跃鹏卷》（文化艺术出版社）、《中国画23家·赵跃鹏卷》（四川美术出版社）、《远行·浙江画院画师写生集·赵跃鹏》（浙江人民美术出版社）等个人专集。

花鸟画发展到宋代就像诗歌发展到唐代一样，形成了一座无法逾越的高峰。即使是宋代佚名画家的花鸟画作品，也足以使后来的花鸟画家们汗颜和自叹弗如。但尽管如此，无论是诗歌还是花鸟画，也绝不可能因为有了高峰后人便望而止步，而不断变化、发展才是一切事物得以永远生存的规律。因此花鸟画发展自宋代以后（也可说是同时，如苏东坡、文同等的出现），就有了文人写意画法的创造。而格律诗的发展变化，就出现了长短句——词的创作形式。另辟蹊径，成了借鉴高峰并绕过高峰继而再创高峰的惟一途径。

赵跃鹏的工笔花鸟画作品，是对宋代工笔花鸟画的内在语言和外部表述风格作出深度研究探索所取得的属于当代的自我的一种绘画风格。他的花鸟画作品在有意或无意间，成为了近50年以来对宋代工笔花鸟画的最准确的继承者之一。而在其前面，据我的立场来判断，仅有于非闇一人，我并不是说除了于非闇、赵跃鹏就没有人在继承宋代工笔花鸟画，事实正相反，学的人很多，但真正对宋代工笔花鸟画研究透彻的人却是寥寥无几。须要强调的是：宋代工笔花鸟画不仅仅只有工整、艳丽，而其中对线条勾勒律动的讲究，对描绘对象形象与色彩的适度夸张以及画面总体文化意义的把握，是无与伦比的。古人云："山水取景、花鸟取情"。而这个"情"字在花鸟画创作之中就成为了一个最难解决的点！"一枝一叶总关情"，问题是怎么个关法。这与画家的整体文化素养是密不可分的。如果说"情"是宋代工笔花鸟画的文化、精神主旨，那么宋代工笔花鸟画技法层面上与宋以前及以后有什么明显的区别呢？于非闇先生曾作出过总结性的分析："工笔花鸟画唐、五代重瑰丽、宋人尚骨干、元人矜逸态。"也就是说宋代工笔花鸟画是崇尚和讲求骨法用笔和画面形象及画面整体结构的。这说明宋代工笔花鸟画与唐、五代的工笔花鸟画相比较，除了富丽堂皇以外，更注重画面语言与技法的完整性，这不能不说是宋代工笔花鸟画的一个进步。我

赵跃鹏　花鸟系列之一
135cm×34cm　纸本设色　2010年

们把宋以前的工笔花鸟画与宋代的工笔花鸟画作一比较时，并不难发现其中的区别。尤其是宋代工笔花鸟画在线条的勾勒上起迄、转折、律动的书法性追求上，已经比宋以前的线条勾勒有了质的区别。

因此，我们在欣赏解读赵跃鹏的工笔花鸟画作品时，不仅可以明显看到其勾勒形象、形式结构上与宋代工笔花鸟画的关联，而且在用色上、营造画面氛围上也同时具备了唐、五代工笔花鸟画的绚丽与元代工笔花鸟画的雅逸风貌。也就是说赵跃鹏的工笔花鸟画作品是以宋代风骨立足，而又上接唐、五代，下连元、明的多种绘画要素，尔后又逐渐形成了自己入古出古、文雅、婉约的艺术风格。这种成果的取得源自画家自身的文化积累和对事物的感悟。在当代画坛看似热闹的情况下，我们无法否认大多数人对传统文化艺术理解、继承上的漠视，曲解与无知。继而对于描绘对象的入微观察被走马观花所代替；对于描绘对象的写生了解与对话被照相所代替。而关于画家与物体之间的心情契合，相互交融，则被嘲笑成 “迂腐”。由此，粗制滥造、凭空捏造就逐渐形成了“风气”。我们当然无法期望在这样的学术氛围下再出现彪炳千秋的历史名作。《清明上河图》、《杂花图卷》……就注定只能成为千古绝唱！但恰恰，今天赵跃鹏对于传统的理解与继承成为了“无独有偶”这句话的最好注脚。

同样赵跃鹏另一路兼工带写的花鸟画，对于用笔、用墨、用色、用水之讲究，直逼元、明花鸟画风韵。一点一划、一拨一折、尽从本质中流露出来，拨人心弦。使得画家本人与花鸟对话的真切语境在画面上充分表达出来，郑振铎曾凭借任伯年云：“他用打动过自己心灵的景物描绘出来，再去打动别人。”这一点恰恰是对画家创作的最高要求，当然也是最难做到的。所谓常说的“心灵迹化”讲的就是这个道理。这谈何容易？由此让我联想起当代的音乐作曲，由于缺乏生活，缺乏真情，当代音乐再也无法像20世纪五六十年代的音乐那样打动人心，一曲《我们走在大路上》可以唱得人热血沸腾；一曲《红梅赞》可以唱得你热泪盈眶！无论

赵跃鹏　花鸟系列之二
135cm×34cm　纸本设色　2010年

在艺术性、现实性、经典性上都无法相比。同样上世纪五六十年代画家们的作品感染力也非同一般。齐白石的《荷花蜻蜓》、石鲁的《转战陕北》、傅抱石的《镜泊飞瀑》等等。一句话，如果说上世纪五六十年代的音乐、绘画作品是主动的，饱含深情的话，那么与之相比，当代的大部分音乐，美术作品则是被动的，麻木的，假大空的。

纯水墨兼工带写花鸟画是赵跃鹏的另一件“法宝”，在这一类作品中，赵跃鹏更是将自己对传统的理解和对现实的感悟，通过笔墨发挥到了极致！赵跃鹏在纯水墨作品中做足了黑、白文章。一黑一白，乾坤缩影，一阴一阳，生命缩影。中国纯水墨画中所蕴含的哲学意义，生命意义比起其他画法来，显得更纯粹。仅此一点也是全世界任何视觉艺术所难以企及的绝对高度！同时中国水墨画的又一种神奇之处是由淡墨或题字、印章所组成的灰调，自然而然地，不露痕迹地起到了黑、白二极的中和作用。对这一切画面效果与创作技法的把握，赵跃鹏训练有素、烂熟于胸。因此每每在他握笔运作时一招一式，尽在不经意中向人们充分传递着人性、物性的本真以及历史文化与时代审美最深刻、最真实、最美好的一面。

在当代大多数绘画文化失落，技术失落的窘况下，赵跃鹏现象的出现，使我重又看到了中国画传承发展的希望。事物发展的规律本来就是这样，没有继承哪有发展？我们必须反对以多元化、创新为借口的无知胡为，我们必须立足于民族文化自身发展这个基点之上。这一点赵跃鹏对艺术的追求，对自身人品的修炼已经为我们作出了回答。我由衷地期盼赵跃鹏在中国花鸟画创作中，取得更骄人的成果，为中国花鸟画史增添新的篇章。

2006年7月于老藤花馆

赵跃鹏　花鸟系列之三
135cm×34cm　纸本设色　2010年

（一）

（二）

（三）

赵跃鹏　写生册　23cm × 50cm × 3　纸本设色　2012年

清气逼人

撰文：李小山

今年春节，我在朋友家中看到赵跃鹏几幅写意花鸟作品，大为惊讶。说实话，对于年轻的中国画家群落，我一向关注不多，因为，很长时间以来，除了闹腾和起哄外，除了在市场上博取一些利益外，真正潜心研究和创作的年轻画家太少了，而做出成就的更是少之又少。赵跃鹏的画给了我很深的印象，说明他画中潜藏着感动我的东西，这种东西很难予以言表。后来，我又陆续看到了赵跃鹏的其它作品，最初的印象逐渐沉淀为一个基本评价，即：赵跃鹏具有很强的叛逆性，他叛逆的矛头是指向当代潮流的。

自上世纪80年代之后，西方思潮大肆入侵，成了文化领域的主色调，中国画坛发生的一系列重要动作，亦均是以“破”带“立”，即使前些年那个人为制造的所谓“新文人画”，也夹杂着许多非驴非马的东西。附带说一句，关于“新文人画”，我写过一篇文章，称它为没有文化的人画的画。据我的经验，画家的类型大致可以分为三种：一是缺乏才分，死用功而毫无长进的；二是人很聪明却把聪明用的不是地方，浪费聪明的；三是有天赋，同时也固执己见的。在我的学生时代，曾把徐悲鸿那副对子抄写在墙上：独执偏见，一意孤行。并不是我故意把自己摆在一个与众人对立的位置上，我只是喜欢自己的观念不受别人侵略。这一点，在赵跃鹏身上也很显著。他画中传达了这样的气息：孤傲、冷僻和奇崛。西方人把人的命运和性格联系起来，中国人则把画品和人品捆扎在一道，如果不是把人品拿来往脸上贴金的话，人品自然是画品的首要基础。然而，有很多让人恶心的家伙非常善于自我吹嘘，鱼目混珠，人品的问题自然变得面目可憎了。我想起了后现代主义思想家福科的呼吁：作者死了。其意思是作品是大于作者的。所以，关注画家的作品才是重要的，作品体现了画家最真实的一面。

现在，人们已经不太关注中国画的现状和出路问题，说明事物的发展规律终于解答了自身的走向。当人们把中国画作为“国粹”顶礼膜拜之时，正是它的危机的根源。任何事物，只要定于一尊，就必然走向自我封闭，最后窒息自我的生命力。我特别反对那种主观上试图捍卫中国文化，却把中国文化当做化石一样对待的做法。说穿了，他们把中国文化看作静态的东西，而不是把它看作动态的过程，因此，动不动就搬出老祖宗的易经八卦、天人合一什么的。我常常看到一些很搞笑的场面：某某名家大谈特谈中国文化与画画的关系，唾沫星子乱飞却不知所云，与画画的实践风马牛不相及。画家的学问不在嘴上，而在笔下，这个道理恐怕不需要多做声明。

一位美国学者曾经郑重指出，中国绘画走向衰落的真正原因是写意画的兴起和泛滥。姑且不论他的论断是否站得住脚，是否具有合理性，如果我们不从写意画的发生看问题，至少可以从它的结果看出问题之一二。

赵跃鹏　写生册之一　23cm × 50cm　纸本设色　2012 年

写意画的泛滥，是指男女老少都能依样画葫芦弄上几笔，现在的少儿书画展，老干部书画展遍地开花，则是一个缩影。即使是那些名家大家，大笔挥挥，也大多是挂羊头卖狗肉而已。写意画自宋代以后逐渐成为主流，有其历史根源，它的辉煌是有目共睹的，它被滥用不应该视作它本身的罪状。台湾刘国松与我讨论中国画的现状时说，绘画的发展规律是工、写、抽象。我表示反对，我认为绘画与其他文化现象一样，是从单一走向丰富，从封闭走向开放。我对工笔、对写意都不抱成见，它们只是类型不同。回过头说，我之所以被赵跃鹏的画打动，主要原因是，我在他的画中观测到了一种久违的东西，即那种纯正的不放置任何添加剂的气息，它清新和透彻，有一种逼人的纯净。所以，工笔也好，写意也好，类型的不同不是评判高低的标准。当然，就我个人的习惯和爱好而言，我更喜欢赵跃鹏的写意画，因为他的写意画更彻底地表达了他的心境，也更完善地把技巧和品格融为一体。

古人论画把逸品置为最高，显然是文人理想的形象化投射。文人的最高理想可用大家熟知的那句话概括：达则兼济天下，穷则独善其身。这种理想并没有什么不好。但在当代，情况变得复杂起来。理想早已失落，越达越自私，越穷越下贱，这样的现象已经蔚然成风。我觉得指责别人是很容易的，从自身做起才是考验。赵跃鹏的经历却比较特殊，他画画的起点颇高，却花了若干年时间窝在皖南研究明清建筑和家具，若干年后又重新握起画笔。俗话说，一个人的经历是他最大的财富，赵跃鹏尽管不像有的画家起早贪黑、常年累月在画案前劳作，但从他笔端的功夫看，丝毫没有露拙显嫩之处。恰恰相反，赵跃鹏的素养和经历给了人们一种成熟浑厚的感觉，这一方面依赖于他的才分，一方面与他坚持阅读和思考的习惯有关。我把赵跃鹏的画风归于飘逸一类，因为他的作品空灵透彻，清气逼人。

我上学的时候，刘海粟先生对我们说，画格以雄浑博大为第一；飘逸潇洒为第二；状物写实为第三。海粟先生一辈子追求雄浑博大，追求张扬的表现力强的东

赵跃鹏　写生册之二　23cm×50cm　纸本设色　2012年

西，故一反古人论调，不以“逸”为然。实际上，不管是哪种排列都是不全面的，甚至是荒唐的。我见过很多假雄浑博大——粗糙的假大空，假飘逸潇洒——装模作样的浅薄，假写实——令人讨厌的匠气。我认为画家的类型不是追求出来的，而是天然的，必然的。现代心理学知识告诉我们，在某个环境中，个人的心性是决定他未来走向的基础。否则就不会产生如此复杂的性格和由性格造成的事件。“逸”只是一个说法，并不是评价标准，如果没有众多因素的综合，诸如造型章法，笔墨技巧，对气韵的理解，以及把握画面的能力等等，“逸”便虚无飘渺的代名词。

这里，我想指出一点，一个画家的才分是最重要的。当然，才分的问题比较模糊，既不能丈量又不可秤重，它是在实践过程中一点点挖掘出来的，而且是因人而异的。古人说，甘罗十二为宰相，姜子牙八十遇文王。意思是有的人少年得志，有的人老有所成。一个显著的例子，如果黄宾虹50岁前去世，我们还能知道这个人吗？对才分的挖掘，情况也是不同，有的人土层浅，一挖便冒，有的人土层深，需用毕生的力气去挖。但有一点是相同的，那就是辉煌的结果。以赵跃鹏的年龄，只能说他尚在挖掘的过程当中，但他已经显露出的与众不同的品格让人对他抱有信心。

我不知道赵跃鹏那个“静寂中的性情中人”的外号来自何处，从他的画里我看到，他有很强的反逆性。潘天寿称中国画的发展必须保持它的纯粹性，这一点与力推“中西合璧”的林风眠相反。我没有和赵跃鹏谈论过画画问题，但他的画告诉我，他是潘天寿的支持者，当然，他的画法是与潘毫不相干的。赵跃鹏画法的基本脉络来自于“野逸”一路，我指的是他的写意花鸟。赵跃鹏不属于高产画家，他画路较宽，工笔、写意、山水、花鸟、人物，皆有涉猎。到目前为止，我觉得他取得的最醒目的成绩是写意花鸟。据我的不浅的读画经验推断，我看到赵跃鹏作品时，竟然大为惊讶。这说明了一切。

赵跃鹏　写生册之三　23cm × 50cm　纸本设色　2012年

江南秀色亦苍劲

——走近张松的江南山水画图

撰文：唐跃

张松

生于1952年8月20日，号庐州师山堂主，芜湖人，祖籍桐城。先后毕业于安徽教育学院艺术系国画专业、安徽师范大学美术学院研究生班。长期从事美术创作和组织工作。现为中国美术家协会理事、中国书法家协会会员、中国画学会常务理事、中国商联·全国艺术市场联盟副主席、中国画创作研究院副院长、中国北京世纪名人国际书画院副院长、安徽省文学艺术界联合会副主席、安徽省美术家协会主席、安徽省城市雕塑院院长、安徽省青年美术家协会名誉主席、安徽师范大学美术学院教授、硕士生导师，安徽省政协书画社理事、黄山画会副会长、农工民主党安徽省书画院院长、中联国兴书画院安徽分院名誉院长、安徽省文史馆特约画师、国家一级美术师。

张松是芜湖人，自小受到清新灵秀的江南地气的浸染，性格中保留着些许永远抹不去的细致委婉。他后来从军了，而且在部队的熔炉中摸爬滚打了近30年，身上的硝烟味和炮火味多了起来，形成说话高门大嗓和办事风风火火的做派，常常是未见其人先闻其声，以至于鲁公彦周说他的豪爽开朗“很像是一条关东汉子”。张松的这种人生经历造就了他的江南山水画图，秀丽和灵动自不必说，又融入了北方山水的苍劲和厚实，从而别具特色自成一格。

山水画在隋唐独立成科，至五代迅猛发展，开始出现北方山水和江南山水的分野。荆浩及其门下三位弟子李成、关仝、范宽所画的山水顶天立地，表现出北方山形特有的那种“云中山顶、四面峻厚”的雄伟气势。另一方面，董源、巨然所画的山水则峰峦晦明洲渚掩映，完全是秀润可爱的气象，恰如宋人米南宫所说：“一片江南也。”五代画家们创造了北方山水和江南山水两种画法，形成了山水画发展的两路传统，影响极为深远。但他们对后世画家既有引导也有束缚，那种师法自然的严谨态度和提炼自然的革新精神，能够引导继承者们的新的变化；那种北方斧劈江南披麻一类的技法程式，又可能束缚模仿者们的手脚，使得历朝历代的山水画多见相似面貌。对当代山水画家是个考验，因为中国山水景观“北雄南秀”的自然特征放在那儿：北方气候干旱，有山无水或者少水，山势高拔陡峭；南方气候温暖湿润，多为起伏和缓的低山丘陵。前贤构造的北方山水和江南山水两种模式，是“搜尽奇峰打草稿”的结果，不是随意就能变异出新的。那么，如何突破古人张扬个性创新图式，便是毕生追求却未必修成正果的创作难题。在这种考验面前，张松迈出了“明知山有虎偏向虎山行”的果敢步履。

我知道，张松很早就以军旅画家著称了，却没有缘分见到他那时的作品。如果从画题来看，但引起较大反响的《万里边关图》等，画的显然不是江南山水，而是全景式的雄伟山川，或许更接近北方色彩的高山长水。至于笔墨技法，则是从画题上无法揣测的。20世纪90年代以后的近10年里，张松的山水画创作呈现为胶着状态，他在这段时间尝试过各种山形水态，也尝试过各种图式各种画法，努力追寻适合自己属于自己的理想面貌。回过头来看，张松的不懈追求是付出代价的。他不满意过于繁复过于周到的画法，于是删繁就简粗笔放墨地画了好几年，但总是犹疑总是动荡，总是缺少画面的稳定感和风格的归宿感。其间，他描绘过明丽怡人的江南春色，比起同时期的其他作品来显得更加得心应手。也许是还不满足，也许是尚未敏感到驾驭这种山水形态的潜力，他没有定格地继续漫游着追寻着，直到90年代末期，张松先后画出《春水泛舟》《水乡秋韵》《春雨潇潇》等一大批作品，预示了他要用更多的笔墨来关注江南山水，用更新的笔墨来展示江南山水。尤其是1999年冬天画成的《春雨潇潇》，从水墨渲染看虽然还嫌凌乱，但从构图和笔法看却有着奠基的意义，与以后的张松江南山水画图奠定了坚实的基础。所以说，这幅作品具有标志性：标志着四处出击之后终于瞄准了目标，标志着八方探索之后终于确定了方向，标志着一个成熟的山水画家的身影正在愈行愈近。

对于张松来说，生在江南长在江南，江南山水的自然景观并不陌生，跟在别人后面点缀几笔江南山水的秀丽也不困难，问题是怎样才能开辟一片江南山水的新天地。更大的难题在于，技法问题和风格问题并非孤立存在，而是紧密地联系着画家的审美理想。从当年创作

《万里边关图》开始，张松的山水画就是放声歌唱迸发激情的产物，与传统江南山水传递闲云野鹤的萧散情怀大相径庭。如今，他绘制的江南山水画图必须做到古为今用，必须做到扬长避短，必须做到从中寄托积极高昂的当代理念。值得欣慰的是，张松在破解这些难题时取得了可喜成果。

既然是画江南山水，明媚而且秀美的基本印象就不能不体现出来，因此在整体布局上，张松的作品讲究山水交融，用曲折萦回的江水洗刷山体滋润山体，用草木茂盛韵山体呼应江水回报江水，营造了一片山得水而活水得山而媚的锦绣风光。张松讲究山水交融而不空泛，他在作品中展现的山水组合形式，称得上琳琅满目妙笔生花，完全避免了倪云林远山近水两段式和董其昌远山中水近坡树三段式的单调。例如，《水墨江南》《雨润江南》是一山一水式的组合；《极目楚天》《春至水乡》是一山两水式的组合；《春水泛舟》《水乡春韵》是两山一水式的组合；《湖光山色》《徽水渔歌》是两山两水式的组合，所有这些组合或取纵势或取横势，或取右上左下对角或取左上右下对角，于是繁复变化出更多的组合。即便如此，还是不能穷尽如《春月》

张松　新安山水图　500cm × 1500cm　纸本设色　2008年

之类以山围水式的组合和如《水上民居》之类以水环山式的组合，真正是山中有水山环水、水中有山水环山、山中有山山外山、水中有水水外水。在这山水交融之间，既有白帆点点渔歌唱晚的渲染，又有红瓦片片绿树掩映的镶嵌，江南美景跃然纸上。

然而，张松的江南山水画图值得关注，不仅因为人们熟悉的江南美景得到了淋漓尽致的表现，更因为江南美景被赋予了新的姿态新的内涵。不管张松自觉还是不自觉，我总感到他在这一方面受到渐江的启发。渐江注意到黄山的花岗石岩层与吴越土质山丘的区别，并把这种区别渗透到笔下的江南丘陵地带景色中，所以学倪云林而不同于倪云林，学黄公望而不同于黄公望，主要的不同点是山形不再坡陀起伏逶迤绵延，而是近似锥形、矩形、梯形之类的几何形体，显得雄壮崭绝。渐江这样画，为江南山水注入了几分苍劲几分峻峭。张松学渐江而不同于渐江，学的是渐江的创新意识，不同的是创新意识的笔墨体现方式。他的聪明之处在于不画山峦和山脉的全貌，而是截取乃至放大一段或者两段山体，坚实而稳固地布置在画面的醒目位置。整体秀丽的格局中出现这段山体，犹如舒缓的旋律中出现高亢的强音，加强了刚劲的气势。更加需要关照的是张松对于山石肌理的刻画，他不用那些传统皴法，而是别出心裁地中锋用笔，勾出很有力度的相互交织的细密网状线条，似皴非皴似擦非擦，而后采用淡赭敷色。这种画法非常逼真地再现了花岗石岩层那种坚硬嶙峋的结构质感，又经过山体边缘曲线和山头草木晕染的对比映照，达到了圆浑与方正的统一，秀婉与坚劲的平衡。可以看看《太湖帆影》《春回时分》《源远流长》等画作，都是这种画法的生动诠释。

把江南秀色画的苍劲一些厚实一些并非空穴来风，有黄山的自然特征为依托，有渐江的前贤创造为借鉴。张松的贡献在于发扬光大，他用独特的造型语言使这一容易受到忽略的自然特征和前贤创造发扬光大了，而且与时代气息融为一体了。江南是张松的故乡，埋伏着他的深深眷念；今天的江南还是一块兴旺发达的热土，更能激发他的炽烈情感。所以，张松不仅要画出江南山水的清秀景色，还要画出江南山水的力感和动势，不仅要画出江南山水的神骨气质和巨大能量，还要画出江南山水的火热现实和灿烂前景。

其实，我这样解说张松的江南山水画图难免有些疏漏。比如说，张松前些年在摸索，这些年仍在摸索，画过一些更加照顾全貌的作品，也画过一些更加注重墨法的作品，还画过一些更加突出设色的作品。但是比较之下，他对秀丽与苍劲的有机融合给我留下的印象最为深刻。张松有个形象说法很有意思，他说画家作画好比赤身裸体，也就是毫无保留地表达情感；评家的工作则是为画家裁剪一套衣服，评家的高低在于这套衣服是否合身得体。我忝在评家之列，向来认为出色画家的合身得体的衣服未必只有一套，或者说他们的手笔未必只有一套，但最能体现画家形象特征的衣服、最能代表画家风格特征的手笔也许只有一套。我为张松度身定做的这套衣服，但愿他穿上以后光彩照人。

唐跃 安徽省文化厅副厅长、文艺评论家

张松　寂静湖山　68cm × 68cm　纸本设色　2007年

张松　罗马废墟系列　68cm×68cm　纸本设色　200[illegible]年

张松　泼墨洗山（局部）　纸本设色　2003年

张松　源远流长　196cm × 98cm　纸本设色　2008年

放逸山林（续）

撰文：一壶山人

一壶

1947年1月2号生于四川夹江县。
又号茶居士、懒壶、一壶山人、青衣居士。
现住乐山市皇华台水一方墨迹馆。

洪雅 柳江杨村小石桥

出柳江古镇西行三里许，有两山对峙，左为五凤，右为玉屏，杨村错落于溪山间，清流环绕，峰峦耸翠，自然清静宜人。山家出没其间，有小石桥通焉。

壬午春，壶与画友李华生过此，闻山民言，桥乃清时所建，距今百余年，乃本地石匠视河床乱石突兀，曲折就形，因势建构，卧于村口。水涨则没，水退而现，质朴而简便，古怪而稀奇。详察之，古桥乃用两尺见方、长丈余不等之雅石条搭接于河心乱石礅子之间，石条两端或穿孔打眼，或凿口开齿，卯榫于基石中，历百年风吹雨打，洪水冲刷，人畜履践，及担夫渔子杠拄竿戳，虽然早已斑痕累累，残损已甚，犹横卧于烟水中，一任生灵往还，亦神物也。

千佛岩 水一方

丙戌四月，淮上程风子并吕子贞入蜀，邀壶同去柳江杨村写生，得画稿若干。越三日返水一方，风子率然放笔作溪山图，嘱题。壶徐视之，谓风子曰：山苍苍，野茫茫，篱落掩映，溪桥婉通，善状物也。若于山间勾云，溪旁点人，则生面别开，全章醒活。所谓谷无溪水不活，山无烟云不灵。盖云水乃山峦之血脉经络，山林得云水之游离幻化而变异无常。或烟山缥缈，或云水浑茫。山林因水绕而鲜活，丘壑因云游而灵妙。古隐以渔樵耕读为依归。盖因远离城市繁嚣，宜于修身养性耳。

与黄奇逸先生聊苦涩

1992年，四川大学历史系有位苦其心智深究甲骨的背时学者黄奇逸，听说青衣江边有个不问世向的懒人躲在乐山放闲。遂相邀至川大校门外老茶馆坐茶。怪人跟怪人在一起，不出奇谈，便是怪论。先是相对无言，我吃我的茶，他翻他的书。默了半天，壶问奇逸：“可是终日手不释卷？”奇逸把书放在桌上，哼了一声道：“这半辈子挨就挨在贪书上头。你说人读点书有啥子问题，嗐，偏偏就有人不喜欢你读书、怕你读书，看到你翻书，他就恼火得很。听到说你到小茶馆读书去了，有人就惶惶曰，他娃坐茶馆还在翻书啊！搞得就像我黄奇逸要夺哪个的饭碗似的。你说周围有这等人眼鼓鼓盯着你，冒不冒火？”壶信口曰：“常言道，有福方读书。要有大造化之人才享受得了这份清福。心契方能共语耳，志殊也就没谈头。嘴在别人头上，由人说去。”奇逸应声曰：“你说得太轻巧了，穷书呆一有时囊中羞涩得连买书的钱都掏不出来，不挨饿就算是大幸了，还享啥子清福哟。哪有你在江边悠悠闲闲吃茶安逸。”壶曰：“其实都一样，漫漫人生，苦矣。若是有点意识，许是体验到人生磨砺之艰辛与穷困潦倒之窘迫后，才意识到存在的意义，才会去选择适合自己的生存方式，并在这种状态中去幻化人生，回味经历所留给内心的些许欣慰与饱尝含茹之后，无法抹去的淡淡苦涩与咸酸。而最美的回味，却莫过于对童稚时代之梦幻与童真心灵之追忆。人总希望生活在那片天真烂漫的净土中，然从知事那一刻起，亲情、友情、责任、义务，乃至纷繁无序之公务、杂务，无不牵挂于心，那片净土也在这种种牵肠挂怀之情思意绪交织之中，慢慢被淡忘了。若还想回味，也只有在忙里偷闲，翻几则愿意读的书，或面对一二知己慢叙衷情，藉以抚慰心灵。然最终意识到的，却仍旧是直面人生所真切感受到的淡淡忧伤与苦涩。有无意义，值不值得，是空虚还是充实，就靠各人心中那杆秤，照各人的人生准则与修养程度，稀里糊涂称了。人就那么怪，小的时候幻想当大人，及至成人，活得不耐烦了，又想还小，甚至幻化回到童真世界。真有点做儿子时想当老子，老子当得没奈何了，又反过来想当儿子。而最终感受到的，却无非是苦涩。奇逸道：对了，你的字画和诗就是这个味道，就像你所好之茶，在清淡之中犹带两分苦涩，壶曰：人生如此，哪有那么多美好啊。美好大多是幻化的，而真切的感受体验才是实在的。故，喜欢做美梦的人，最终得到的是空虚，而直面人生的人所感受到的是充实，即使是一种苦涩滋味，也是充实，甚至可以肯定是一种真实的充实。

盐源公母山

吾国人取地名，大多撇撇脱脱、直截了当、活灵活现，且恰如其分。西蜀边陲盐源县有奇山，人称公母山，盖其山之状有类公母之特征者。道纳阴阳斯谓妙。原本状态如是，乍听起来，略欠斯文，然身临其境，便觉得再贴切不过了。

有奇山便出怪人。境内有何饮仙者，名学进，饱经坎坷，身历既多，愈形散淡放浪，任性豪饮，饮必醉，醉则欢喜歌舞，颠狂谐谑，笑谈古今，唇锋所及，莫不令人捧腹。廿年前，壶应门人胥国荣，付建祥之邀，一游公母山，与何饮仙快饮，俱大醉。待其醒来，口中犹念念有词，其略曰：怀念我那荒草中的老尼姑。壶问道：公何酣醉如是？回曰：醉生梦死、妙在魂游。言讫，反问壶：何不一醉？壶应曰：岂有不醉之理，我早已醉死而梦生矣。公不闻东坡居士善醉不善饮乎？饮仙大笑曰：如此，愿请一纸，但书“慰我墓上冷石头”。壶由是知何公其人其心也。

而今时过境迁，仍不时怀想，偶与友朋叙及，不无感概。友人中有不解者问壶，何以如此赏识此人？壶坦然道，欣赏他怪，怪得满嘴的烧酒气，满身的人情味，满肚子的骚心，满脸的中国文化。诗以怀之曰：山僧不羡慕尼姑，冷石枯肠对酒壶。公母山前常醉客，今宵月下有诗无。

游寻仙沟记

青城三十六峰，百道飞泉，以其极有幽致而盛称天下。

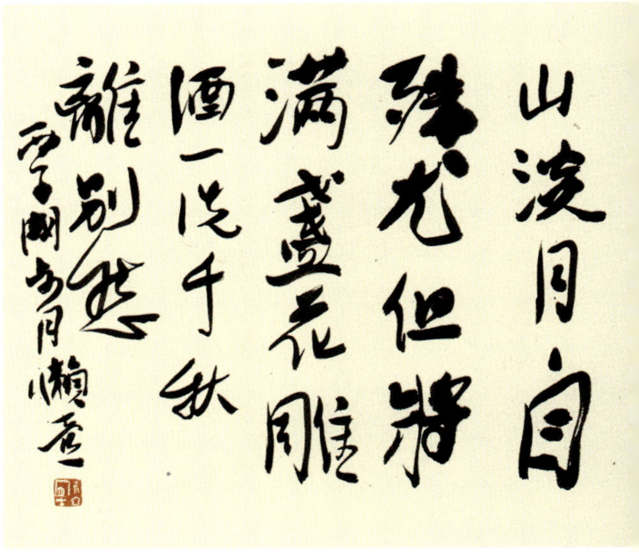

乙亥之夏，应友人陈君滞冬之约，遂别嘉峨，赴青城山，入飞泉沟而上又一村，沿五龙沟下泰安，取道山右，至红岩子之《两忘庄》。庄主云巢子引入小楼木屋，款以野笋山茶，日日与滞各、云巢诸君盘桓于味江，试茗龙潭，策杖岩阿。闻云巢言：“林泉之胜，当数寻仙。”乃于归途中一游寻仙沟。处处闻鸟语，步步踏溪声，果然不凡。至飞龙岭下，抬头一望，壁立千仞，丹梯婉转接霄汉；泉分三迭，碧水连绵注玉潭。妙哉，壶不虚此行也。遂扶栏而上，超遥于悬崖峭壁、珠帘碧落间，诗魂欲上九天矣。

此行得诗六首、长歌一、石铭三并记。

峨眉山·天泉古道

高洞口，我耳闻已久，今日方到，真好。你看这山家木楼青瓦，白板黄扉，处在这山丫口开农家乐，题个红灯笼招牌，多喜庆。人一上来，凉风悠悠，格外清爽。我早就给你们聊过，而今的神仙大都在山里头，他们照常以素朴的生存方式过着简单而充实的生活。朝看烟霞暮看山，没有太多的是非口角，没有太多的利害争斗，日日重复一种习以为常的艰辛劳作，享受着怡然恬淡的单纯生活，美滋滋不问世向地消磨那三百六十五

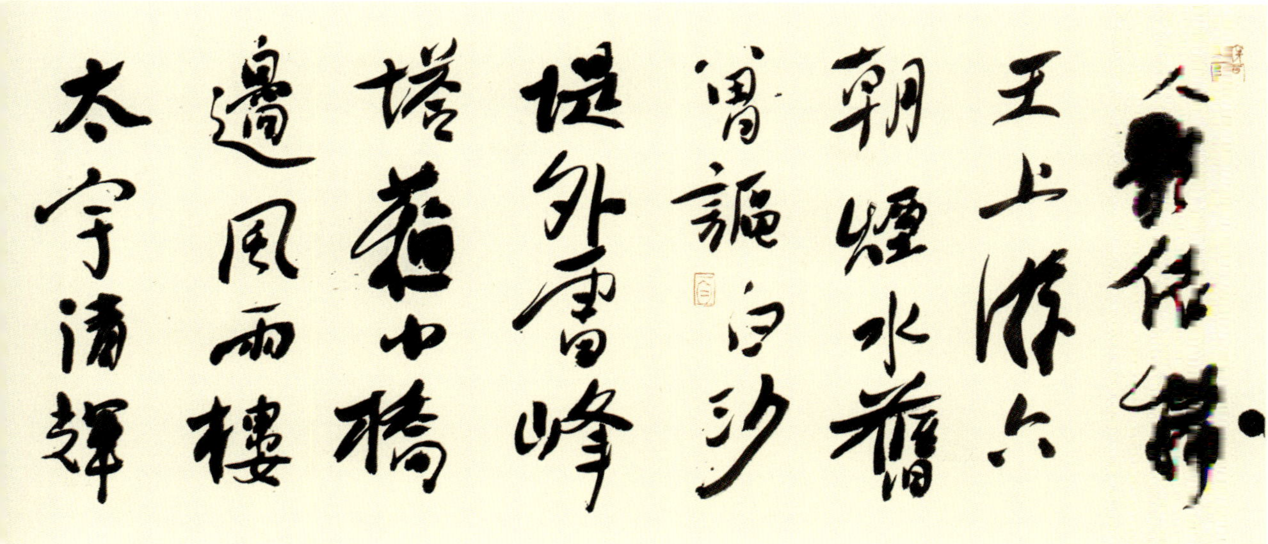

一壶　西子湖步月　60cm×200cm　纸本墨笔　2007年

天略无意思却又真实可感的日子，多好啊。我曾在一首诗里吟道："心无挂碍即神仙。"山家这种得天安命，与物无竞的心境，可以谈得上不是神仙胜似神仙啊。大热天，你汗流浃背跑到山里头来，除了感受点清凉外，不也在体验山家神仙般度日的状态么！

老四：听张姓山家说：出门有一条山路右行三五里，可以到天泉，山民取水常走此路。传说峨眉山神水与天泉相通。

天泉！莫非有泉自天外来？取得甚好。走哦，去看看。

沿途山道崎岖，古木森森，真有点曲径通幽。你看对面大山深处，隐约有山家藏在茂林修竹中，木窗柴门，格外古朴，将四周群山一下唤醒，山家择居，多高妙啊！若是嫩寒春晓，一缕朝阳映照在犹有几分萧疏清简之茅屋间，岂不是一幅"春光先到野人家"之天然图画么？

脚下这条老山路，才堪称空山古道啊。这条石板小路，就地取材，乱石铺成，历数百年人畜踩磨，棒拄鞋钉，才变得如此浑古，如此烂然斑驳，自然成趣。我们此来，可是空山寻古道啊。而今的峨眉山道，除石级外，几成坦途。然古道却藏在大山深处，真有意思。昔王荆公云：世之怪伟瑰奇非常之观，常在人迹罕至处，非有志者不能到也。而今游客上峨眉，匆匆来去，大似跑山，有几人能领略得到这段山路的奇怪诡异哟！

今天上高洞口，过天泉真是饱享清福，可谓声色其中啊。（老四问：何以言声色其中？）一路行来，鸟鸣蝉唱，溪流淙淙，岂非声乎。群山起伏，白云缭绕，天然如画，岂非色乎。你再抬头看那天泉石壁，泉自壁间流淌而出，其声泠泠，其流涓涓，清澄碧透，若珠玑翻滚在悬崖峭壁间、奔泻在铺满绿苔的溪涧中。山高水长，即之能不令人怡然神远乎。

峨眉山·圣水阁

老四：这次随先生入山，想和你聊聊山水风气与你的野逸画风。

一壶：我的画风，经过多年的研修探索，在吸收消化传统的基础上，以自己的性情涵养，渐积渐进，略有所得，若有所悟。我固深知，往后还要不断变化。

我的画风，重性灵，尚野逸，以适一己天性。偶有所会，乘兴挥洒，笔墨酣畅淋漓，流露出逸气于山水间的旷放风气。漫尔草草大不拘，不期然而然，得其意兴足矣。这种状态，源于晋宋间人放浪形骸，旷然物外及唐末五代野逸画风发端时期，那些隐迹山林的岩穴之士，以诗酒为怀，豪纵狂放，但求一时快意，恣意挥洒，不主故常的野逸风尚。

正是一时快意，道出了野逸画风之特点。兴之所至，有感而发，乘兴挥毫，直抒性灵，兴尽而止，不求完善，不计妍丑与工拙。然一得合处，便成佳构。

我的画风宗尚，本自这种野逸风气。若果向纯化之境探寻，则当具优哉游哉风度，不激不励，虚和闲静，毫不用意，便自超然，此乃逸格之另一境界也。

野逸风尚，主独得心领，秉其心气，托其心象耳，得一二真赏鉴足矣。奚在乎声名得失。

我们不时游移于空山古寺，山村篱落，溪涧沟壑中，饮露餐风，坐茶对月，赏雨谈心，神仙般出没于烟云飘渺之巉岩绝壑间，因缘殊胜，乃平生快事矣。

你说一年入山三个月多了，只来一个月就够了。真是书呆子。习艺证道之人，入山林不足百日，焉能养得神闲气静？焉能洗净毫端浊气？焉能有超尘脱俗之鉴？焉能有素净雅洁之作？我看你呆半年都不算多哦！

一个月洗尘气，一个月静心气，一个月纳灵气，然后方可下笔。就算一天得一张草稿，一个月才得三十张，三个月九十张，内中可取者十之一二，约二十张。能筛选入画者不足一半。其兴之所至，偶尔有作，合已心境，堪入赏鉴者又十之一二，计算起来，所得了了无几。十年最多得二三十张，果有杰作，也就一二件。俗话说“十年磨一剑”不易啊，下得了如此功夫吗？你如此愚顽，还不多入山林，眼看灵气全无，书呆子何其呆矣。

艺术之道，源于自然，合于自然，归于自然才高。只在画谱里讨生活的人，不是俗，就是匠。

峨眉山·天泉写生

真好啊，跟我昨夜的迁想暗合，绝岩古道，枯藤老树，野岭荒坡。你看那棵老树，盘根错节，斜倚峭壁，根如指爪抓石，曲屈坚劲，树身虬曲，亦桀傲而古怪。刚才给你讲过红灯笼山庄那两棵树的根，三爪如指，牢扣坡坎上，其力与势，犹令人感觉其根入土之深与抓地之牢。宋元人画树根，皆经观察写生来，精审物理，知所去取，故合自然。

你再看岩壁间的杂树多有意思，繁简对应，刚柔曲直，高低参差，自然成趣，写来就是。丛树要注意穿插变化，俯仰照应。独树最不易画好，当孤不孤，难见别趣。

这边岩壑转折回互，溪涧中怪石磊落，重迭有趣。画石有三要，一是应物写真，能见笔法；二是点线块面，妙在变化；三是艺术取舍，合于心象。

再则，写字用退锋，画画用破笔，乃见苍古之气。带躁方润，将浓遂枯，俯仰起倒，无不如意，便知醒活。

（适有山客数人至天泉背水，一老太太打趣道，如果画家要画人，就画年轻点的哈，老头老太太都走不动了，画出来不好看。）

哈哈，我就是要画老者拄杖超然山水间，年轻人大都还没长醒，画他们干啥！山深、树古、人老、境奇，多好啊。

题天泉石壁图

空山寻古道，策杖过天泉。

好鸟鸣幽谷，荒坡生紫烟。

危崖悬碧水，峭壁挂珠帘。

但愿居岩穴，抱书枕石眠。

辛卯六月下旬，壶偕门弟子老四进峨山写生，寓圣水阁之山家，闻主人言，出门向右拾级而上两里许，便是高洞口，有一家红灯笼，地处山丫口，凉风悠悠，乃是消夏好去处。再沿山腰前行三五里，可至天泉。传说峨山神水，源出于此。遂于七月初过天泉。悠游于空山古道，但见山泉自巉岩绝壁间涌出，其声泠泠，其流涓涓，清音悦耳，宛若琴弦，因构一图并赋。

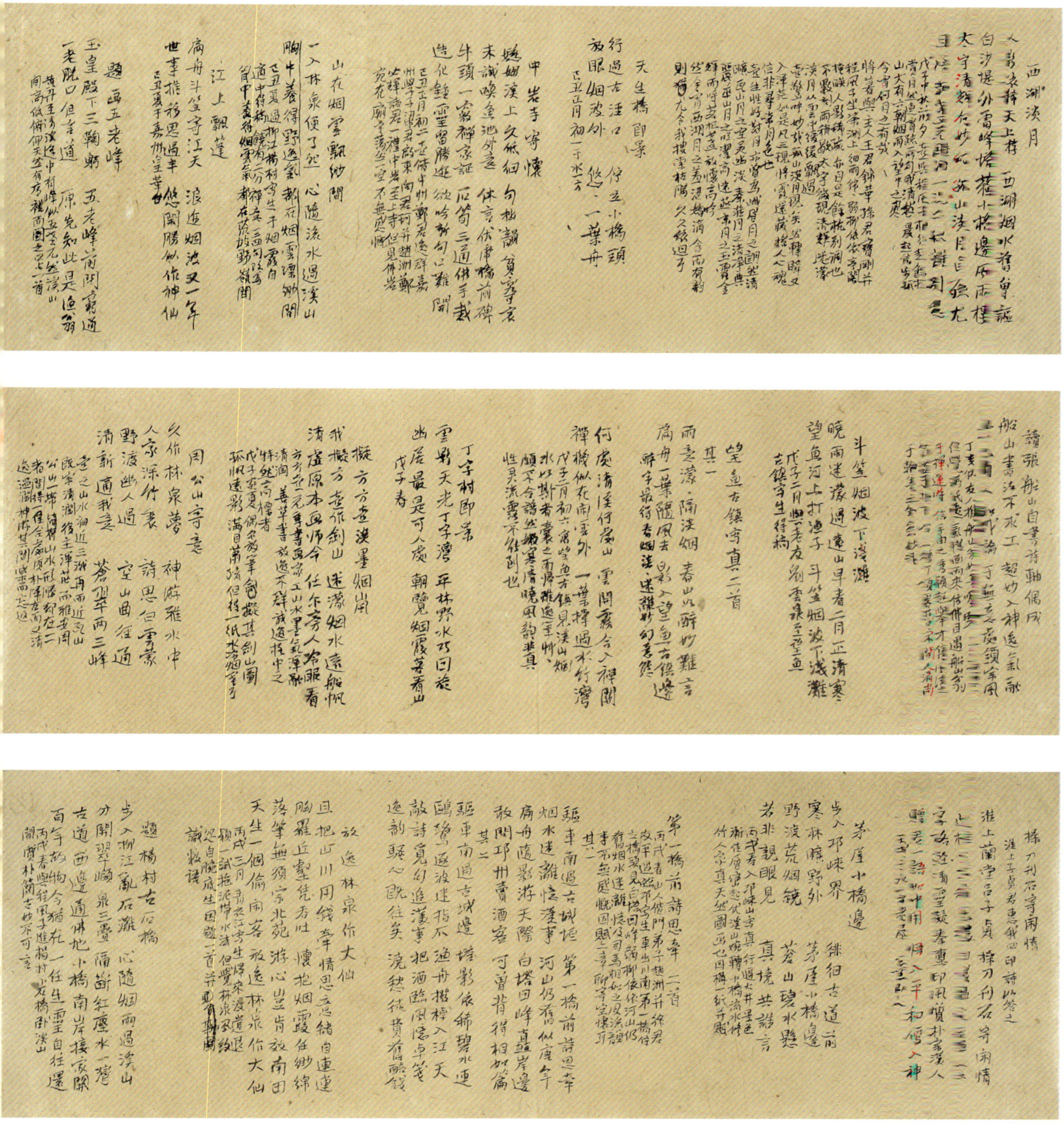

一壶　诗稿手卷　30cm×200cm　纸本墨笔　2010年

浦江官帽山
小石橋邊官
帽山烟雨水
冷野雲盤徽
老最識林泉
味閒聽溪聲
過淺灘

一壶　蒲江官帽山　100cm×200cm　纸本墨笔　2006年

一壶　仙人桥　100cm×68cm　纸本墨笔　2007年

一壶　一溪烟雨　76cm×68cm　纸本墨笔　20[illegible]0年

高旭奇

1957年12月8日生于辽宁丹东，祖籍山东蓬莱。1976年参加工作，历经工、农、兵、大学教师。近五十岁由东北来湖南落户，任职长沙师范学校美术系。中国艺术研究院艺术创作研究中心创作员。现未参加当今一切社会组织和协会。一是自认为艺术意味着追求，而追求与一位推销员推销自己没什么两样，除了关心自己的创作，其它都感觉微不足道，这一点像所有的天才艺术家。二是艺术是自己的事，更要有真的性格。讨厌流行的『文雅』、鄙视政客的『帮派』。『心存大恶』与『有恩必报』构成他性格与作品的复杂性。作品参加过全国美展并多次获奖，经常在《荣宝斋》《中国书画》《十方》等专业刊物上刊发作品。已出版个人作品集《惟艺是图》《高旭奇中国画集》《气正道大——钟馗图集》《禅心梵志——高旭奇书法集》。

风雪独步

撰文：高旭奇

一

我想圣人肯定能看到自己的心灵，因为心灵是有感知的，我们普通人越是有欲望，思想上就越难深刻，从而就难于认辨自己。艺术家在今天的社会里很大程度上是虚荣的职业，大多数人忙忙碌碌，忽略精神，缺乏真诚，使之于无法去思想。我并不鄙视艺术家这个职业，我只是怀有个人的成见而已。

二

在风雪独步的瞬间，我已心满意足，静寂无声的世界呀，我悉听尊便。我在漫步，我目睹我自己孤独的脚印。

三

画钟馗之人需养钟馗之心，存正大，秉清刚，然后去其形得其气象。

四

“近来心更苦，谁复是知音。”读来觉得心酸。

隐士之苦，禅者之境，常人之心，真知者又是一个罗汉。

五

唐寅、徐渭、老莲、担当、八大、冬心，我目睹人生之渊的一声声喟叹。

六

“衰龄忽尔失明，然无所痛惜，从此不复见碌碌寻常人，觉可喜也。”汪士慎是大雅了。我仿佛看到一位盲人在用雪水煮茶，不染尘俗，谁闻其香。

七

清净是佛，旭奇你清净了么？

八

深刻的情感如同伟大的作品，无怨无悔，以雨似泪，一切尽在其中。

九

此人光着脚丫子把脚盘放在椅子上，不屑于说一句话，荒诞吗？不！我看很高贵。（也许他的作品将会永存于世）

十

“众毁不如独赏”，倔强的人啊，我搬新家请你来喝茶。冬心爱奇，冬心爱奇。

十一

家春问：老来回家乡吗？

答：我要见天下“恶心”之人，我要看“恶心”到底是什么程度。

十二

“你爱我，比我爱你还深”，这世界一定有这奇

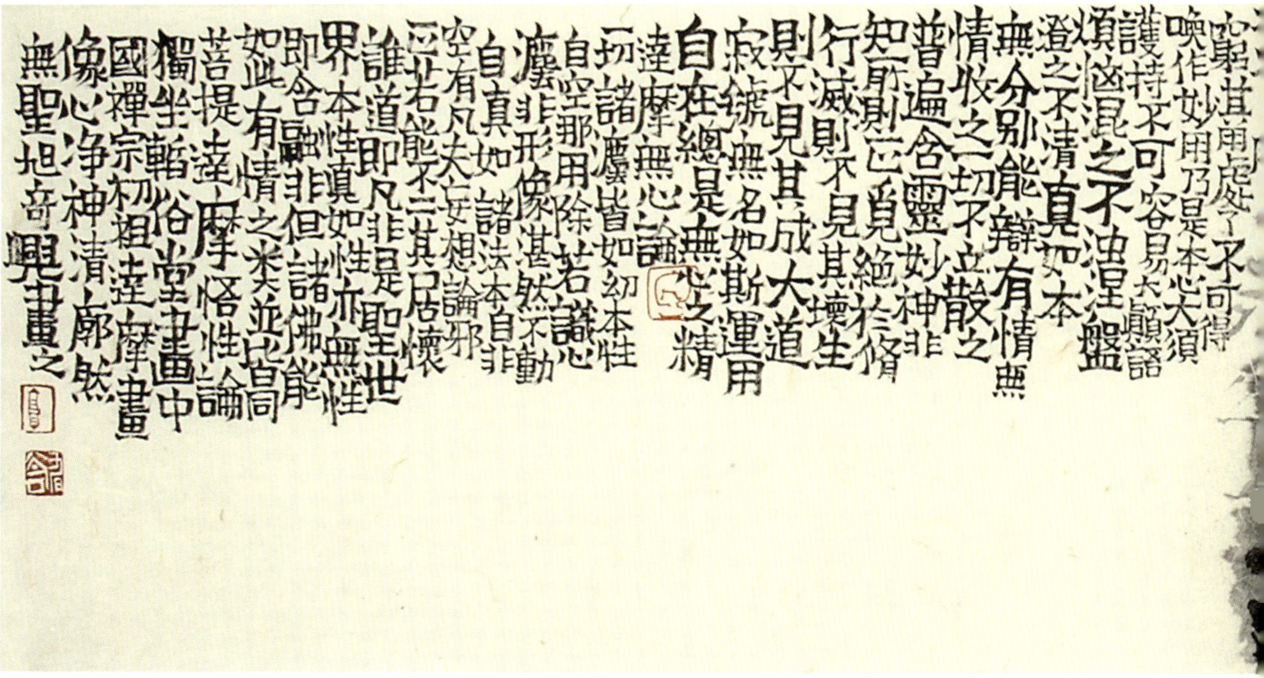

异厚实之爱，我只是艳羡。

十三

演员用情，兄弟用心。我对“兄弟”一词感觉比灰尘还难以琢磨，兄弟相处时用情就要小心了，这样的人我见过。

十四

有人给常骂别人为“狗屎”的人起了一个绰号叫“天屎”。意为天上拉的一坨屎。过后想想这人是很浪漫的。

十五

娘的，下辈子不想见的人让我遇见了。

十六

不要装老虎，我还没装呢，等我装完你再装。

十七

我准备余生临碑临帖，最好在乡村，默默地与白云为友。这是我心情不佳时，才说出的一句庄子式的“从容”。

十八

什么是“牛×”？牛×就是不用拍马屁。

十九

人来人往，谁也没在意，叫了一夜的猫，白天睡在院子里的汽车上晒太阳了。

猫做了一个非常色情的梦。

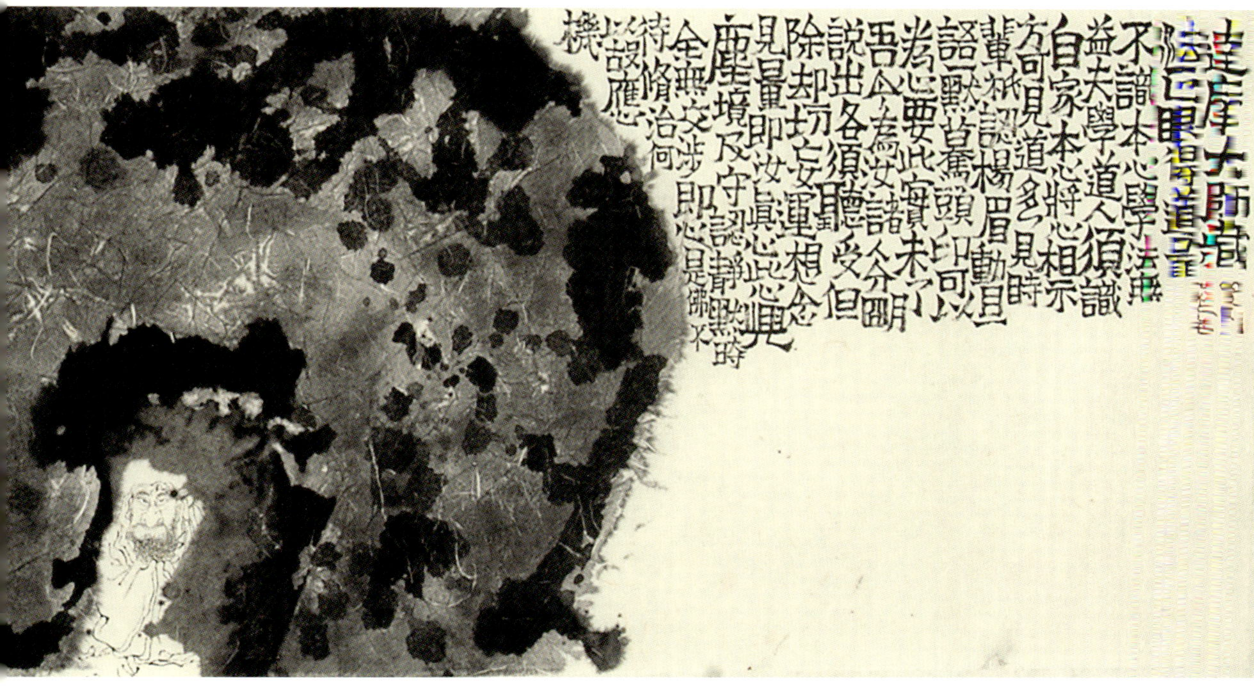

高旭奇　达摩正法奇藏　34cm × 136cm　纸本墨笔　2011年

二十

我不愿谈绘画，绘画呈现在世人面前真实的讲是悟道，所谓拿艺术谈艺术都是空谈，因为古人谈透了，今人所谈无怪乎是小圈子的冥思苦想。

二十一

人越是做不到的事，越是把它写成座右铭，贴在墙上。

二十二

当不知如何画画的时候，我就去晒太阳，把脑袋里的水晒干后，我再画画。

二十三

我总强调我是个俗画家，我同时代的画家，如果你不介意，你比我更糟糕。

我们根本不是艺术家，我们是赌徒。

二十四

滔滔天下，明月在上，我们笨吗？我们以往对势利之人的宽容，就是我们的罪过，我们内心的辛苦更多的是一种自责。

政治家们都玩收藏了，理论家们都画画了。

高旭奇　玄心坦荡　35cm × 35cm　纸本墨笔　2011年

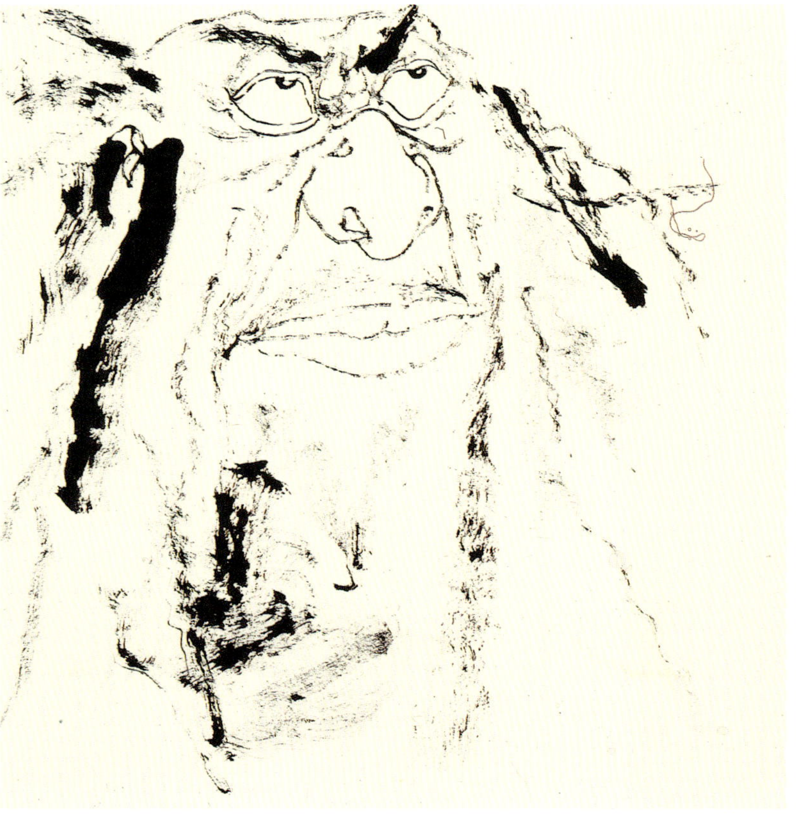

高旭奇　笑傲天涯　35cm × 35cm　纸本墨笔　2011年

高旭奇　大尊者寿　35cm×35cm　纸本墨笔　2011年

高旭奇　君子在野　35cm×35cm　纸本墨笔　2011年

高旭奇　读书图　35cm × 34cm　纸本设色　2011年

高旭奇　我是红尘糊涂仙　35cm × 34cm　纸本墨笔　2011年

高旭奇　俯仰天地间　35cm × 34cm　纸本设色　2011年

高旭奇　浮名抛在天边　35cm × 34cm　纸本设色　2011年

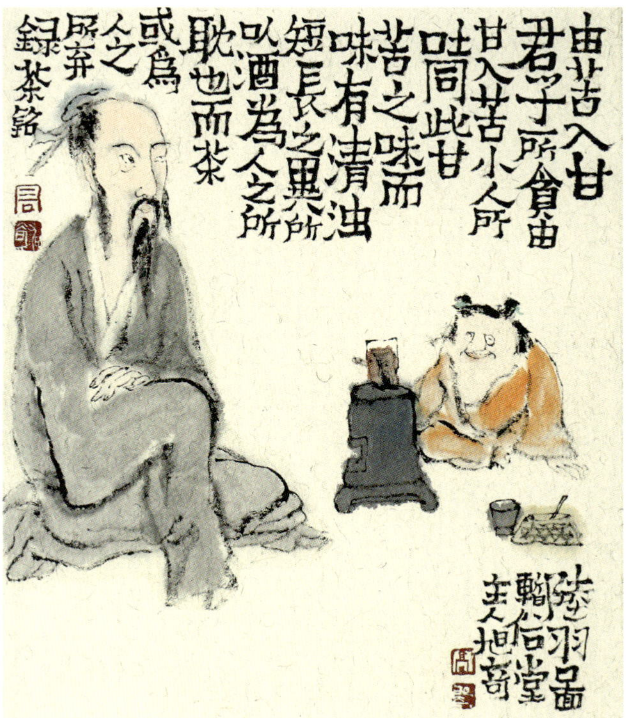

高旭奇　陆羽图　35cm × 34cm　纸本设色　2011年

高旭奇　不离山水间　35cm × 34cm　纸本设色　2011年

高旭奇　得句忘归雪更香　135cm×34cm　纸本设色　2011年

高旭奇　幸存一片月　135cm×34cm　纸本设色　2011年

高旭奇　风雪独步　135cm×34cm　纸本设色　2007年

味外之味

撰文：贾德江

朱大醉

1960年3月25日生，祖籍浙江鄞县，上海市人。斋号兰痴草堂。现为中国美术家协会培训中心助教、上海市美术家协会会员、职业画家。

2004年就读于何水法花鸟画高研班。

出版有《朱大醉画集》《丹青典藏·朱大醉卷》《中国当代名家画集·朱大醉》《荣宝斋名家·朱大醉》等。

纵观当代花鸟画坛，工笔花鸟已经枝繁叶茂，姹紫嫣红，争奇斗艳，呈现一派繁荣景象，而由传统走向现代的写意花鸟画，尤其是大写意花鸟却不尽如人意。虽然涉足者不计其数。实难见到笔静默妙之佳作。传统笔墨的弱化，文化含量的浅薄，难脱古人的范式，缺乏个性化的表现等等诸多不容回避的问题，让大多数理论家和关注大写意画发展的有识之士忧心忡忡，不免发出“后继无人”的叹喟，呼唤大写意花鸟的新突破，开创大写意花鸟的新局面，成为盛世中国的时代需求和人民的心声。

正是在这样的情境下，我们推介朱大醉的写意花鸟画就显得特别有意义。观他的画作引人注目的是花情鸟态的非同寻常和格调的不同凡响。那种落墨为格的大气，那种野逸放达的情怀，那种布局开张的新变，那种“似与不似之间”的神韵，带给我们的是一种机趣，一种美质，一种愉悦，一种精神。

我们注意到，他作品中的笔情墨韵和花鸟图式、造型结构、艺术趣味、意绪阐发互为表里，强化线条的力度动势，注重构成的现代性与节奏感，融传统的书法用笔、没骨的笔迹墨迹于一体，再运用以浓衬淡，以墨托色、线面互动、泼写结合、墨色冲撞、水墨交融等多种技法的随意生发，营造出丰沛润泽、繁富和谐的空间层次与构成关系的变化。那种整体的大开大合，细节的错落穿插，乃至每一个花瓣，每一组叶子，每一对禽鸟的映与衬，藏与露、疏与密、俯与仰、顾与盼都体现出说不尽的大自然永恒之中的流动之美和笔墨表现力的无穷尽性。

显然，朱大醉的写意花鸟画，具有学养、笔墨、气韵之大境，得传统文人画之精髓。细读他的作品可以看出，他的艺术历程从海上画派切入，由蒲华、任伯年、虚谷、吴昌硕上溯到扬州八怪、八大、青藤、白阳山人，兼容近现代大家齐白石，来楚生笔意。他的高明之处在于把众家之长不露痕迹地融会到自己的作品中，使自己的作品愈加完美和炉火纯青。他的作品以线为骨，以墨为韵，生机大化，气贯通篇，既无脂粉气，又无媚俗气，一扫传统文人的萧索荒寒之气，体现着清丽中见儒雅，松秀中见深厚的鲜明个人风格，同时又透着取各家之长熔于一炉的整合能力。

作为当代画家，朱大醉的艺术观与艺术思维是与时代同步的。他强调了对生活的深入与观察，突破了传统写意花鸟的程式规范，由文化隐喻的符号化趋向与贴近人生的现代化转换，这种转化与古代文人避世、隐逸的超然心态已拉开了距离，而与当代人的审美需求取得了共鸣。他的笔墨崇尚传统而不失现代感，改造了文人画的纤弱、萧疏、冷逸的图式，更重花卉禽鸟的生命活力和趣尽天然。

毋庸置疑，朱大醉大写意花鸟画的卓荦之处是他得之自然、不拘形似，笔墨精妙而意趣横生的象外之象，味外之味，以及那种妙和自然、笔墨神化、将意象的生机活力，精神内涵于一体的生命图景所溢出的品格。就此而言，朱大醉的大写意花鸟偏于文化传统中文人化审美理想中的含蓄、淡远、空灵、潇洒等的范畴。当然，最突出的还是他对情逸之美的偏爱。

近年来，朱大醉的创作渐入新境，影响也越来越大。我深信，不图捷径、好学敏学的朱大醉必将在更高的层次上展现他的人文的笔墨，智慧的艺术。

（一）

（二）

朱大醉（一）芳春　68cm×68cm　纸本设色　2011年
朱大醉（二）清风　68cm×68cm　纸本设色　2010年

朱大醉　歌春　136cm×68cm　纸本设色　2009年

朱大醉　春江水暖　136cm × 34cm　纸本设色　2010年

朱大醉　夏趣　136cm × 34cm　纸本设色　2010年

朱大醉　金玉满堂　136cm × 68cm　纸本设色　2008年

朱大醉　红蓼图　136cm × 34cm　纸本设色　2007年

朱大醉　梅鹤　136cm × 34cm　纸本设色　2011年

朱大醉　一树春风　136cm × 34cm　纸本设色　2008年

朱大醉　松鹤延年　136cm × 34cm　纸本设色　2008年

朱大醉　紫云图　136cm × 34cm　纸本设色　2007年

山水知己

撰文：程风子

程风子

出生年月：1962年10月17日

斋　号：问梅堂、丹若居、十砚楼

籍　贯：安徽（现居北京）

学　历：大学

国画师承：黄永厚、杨延文

书法篆刻：无师自通，纯属原生态

声乐师承：柳石明

兴　趣：读书、旅行、驾车、品茗、吹埙、声乐

娱　乐：资深影迷、资深『跑得快』玩家

养生秘诀：顺其自然

最大希望：衣食无忧、有水田几亩、竹篱茅舍几间、读书画画写字

经　历：15岁习字、刻印、学音乐；25岁学画画、作电台主持人后写字画画篆刻至今。

专著出版：《程风子篆刻集》《性灵风骨·程风子》《中华书画》（程风子专辑）《中国名画家精品集（写意山水）程风子》《当代逸品十家·程风子》《当代书法十家·程风子》。九州音像出版《程风子·性灵风骨》《当代名家篆刻研究·程风子》《有名其灿·程风子玩书画印》等。

现为北京国家博物院文物鉴定中心书画鉴定组专家成员、海协会书画分会理事、北京印社理事。

作品被中国美术馆和海内外藏家收藏。中央电视台、湖南卫视、山东卫视、环球旅游频道、书画数字频道以及内蒙古卫视先后做专辑报道。

随着翻阅韩羽老爷子随笔既有所悟，那片言只字多充满诙谐又见天机。其《太行道上》说：“你在看啥？”我说：“看山。”老大娘说：“我在这儿住了几十年了，天天看，有啥好看的？不就是破石头。”

近年我游走四方，得见诸多知名或不知名的佳山胜水，自然也结识一些同道画友，每每看到身居美妙山林，而笔下未有感悟者，就应了韩老以上的高论了。

一年春天往山中写生，一当地画友见示山水册，话语中多有几分自负，表面为请教实则炫耀画技尔。然画册中幅幅恶俗，乏味直白，无一处可得山乡之韵，或言语中欣羡他山之美之雄奇也。即如别人家女人总是好的，但怎么不想自己孩儿更是可爱的呢？

其实，北方山水之壮伟，南方山水之奇秀，均可收罗画卷，当是各自理解不同，笔墨表现殊异，而画更是各俱情态罢了。五年前去西藏，见藏北高原，既冷峻且又荒寒，难以下笔。当时我想那里的蓝天白云，人与物更适宜油画家去表现，谁知我此言一出，光聚兄即给予驳回，他以为可用简洁的线勾勒出更美妙神韵，而对蜀中山水，满目苍郁溪水潺湲，犯愁无处下笔。如此看来，画家都不是万能的，该画什么，不该画什么，其实都是有定数的，也就有了风格各异，丰富多彩的画风与样式。

黄永厚老师告诉我，有空可去欧洲一游，比如意大利、西班牙、法国、英格兰等，那里可随便画，凭你的笔，自然会生发出万般景象，我正跃跃欲试。春节前后，看旅游卫视《行者》，纪录片标题是“搭车去柏林”，主人公谷岳和刘畅的故事深深吸引着我，感动着我。他们背负摄像机与沉重的行囊，从北京出发，一路搭乘货车、小汽车，甚至驴车、拖拉机，历尽坎坷，受尽万般磨难，最终到达柏林。

谷岳是冒险旅行家，刘畅是纪录片导演，一路相伴而行，同甘共苦，无怨无悔。片中有这样的情节，他们费尽千辛万苦到了新疆喀什，再往西行即走出国门，况且在国内搭车已很不易，再往西行真前程未卜，然到了克罗地亚，由于肠胃不适，他们双双病倒。然而得知前方美景，又抱病前往。路上他们还碰上玩命驾车者，险些车毁人亡。谷岳不顾朋友劝阻，只身闯入伊拉克探险，真让人为他捏了一把汗。岳母大人看过此片，认为他们纯属“有病”，我的眼里他们就是英雄。

相比之下，去年我与书安兄入蜀写生，从北京国际机场搭乘飞机抵蓉，每至各地，豪车、星级酒店伺候，伴之以佳山美景，佳肴美酒，一路欢歌笑语，好不畅快。所幸我俩手头还是勤快的，各自得画稿百余张，且精品迭出，算是慰藉吧。这不，每到春和景明时节，我们又蠢蠢欲动了，谋划着下一美景写生采风吧。

程风子　黔山秀韵　34cm × 270cm　纸本墨笔　2011年

程风子　黔山秀韵（局部）

程风子　凤凰楼　68cm×45cm　纸本设色　2011年

程风子　丙安古镇　68cm × 45cm　纸本没色　2011年

程风子　古刹　68cm × 45cm　纸本设色　2011年

程风子　平湖一望　68cm×45cm　纸本设色　2011年

程风子　长沙为赋　90cm × 98cm　纸本设色　2011年

程风子　荔枝新熟　135cm×68cm　纸本设色　2011年

当代山水画家的文化使命

撰文：陈仕彬

陈仕彬

1965年6月4日生于四川，1997年定居北京。现任中国人民国际交流协会副秘书长、太湖文化论坛常务理事、PHE国际青少年书画大会执行秘书长、中国收藏家协会理事、中国城市文化研究院（香港）院长、中国书画艺术研究院（香港）执行院长等职。

“书画之妙，当以神会，难可以形器求也。世观画者，多能指摘其间形象、位置、彩色瑕疵而已，至于奥理冥造者，罕见其人”（《梦溪笔谈》卷十七）。900多年前，郭熙《林泉高致》诞生的时代，沈括发出了这样的感叹。历史进入21世纪，当代人与山水画的隔膜正在加深。在这样的背景之下，深刻认识山水画背后的中国哲学精神，重新审视当代人与山水画的审美距离及其成因，进而思考当代山水画家的文化使命，不仅仅是重要而迫切的时代命题，也会给当代山水画家的山水画创作带来新的启示。

一、以形媚道——山水画的文化渊源与哲学基础

“圣人含道映物，贤者澄怀味象。至于山水，质有而灵趣……” 作为“中国画特质的决定和理性的起点”（陈传席《中国山水绘画史》），宗炳的《画山水序》提出山水画创作过程是画家“畅神”的过程，更是画家“以形媚道”的过程。山水画，从真正诞生之时起便与中国哲学中最核心的“道”的精神紧密相连。

儒家的道德感悟是与山水连在一起的。《礼记·中庸》云：“天地之道，博也，厚也，高也，明也，悠也，久也。”正是以山高水长来形容仁爱之道。同时，“仁者乐山，智者乐水。”所以，孔子心目中的理想境界是“暮春者，春服既成，冠者五六人，童子六七人，浴乎沂，风乎舞雩，咏而归。”（《论语·先进》）

“人法地，地法天，天法道，道法自然。”以老庄思想为核心的道家哲学更是崇尚自然山水。在这里，人与自然的关系是一种心灵相照、气息相通的所谓“天人合一”的关系。韩拙《山水纯全集》中认为：“默契造化，与道同机。”而庄子心目中的神人居“藐姑射之山”，“乘云气，御飞龙，而游乎四海之外。”则更是一种心游万仞的自如之境。老庄哲学，成为中国山水画最重要的哲学基础，历代山水画家几乎无一不受其影响。

将空理与山水融合起来进行阐发更是中国佛教和禅宗的一大特色。佛教徒们“性好山泉，多处岩壑”（《高僧传》）。建于深山之中的寺庙已经成为中国山水文化的有机组成部分，而对山水的亲近不仅有利于僧人们的修悟，也是他们具有较高审美感受力的表现，于是中国山水画史上便有了王维和诸多卓越的画僧。

透过对儒道释哲学与山水关系的简单梳理我们不难看出，三者对山水的态度有着本质的相通之处，即都乐于从山水中得到审美愉悦，并且将山水大美与主体人格塑造和人生境界的不懈追求统一起来。而在山水文化基础上诞生的山水画，“以形媚道”，体现了中国哲学精神的深层内核。中国山水画，实际上是提供了一个切入传统文化和中国哲学精神的最佳途径。冯友兰先生在《人生的境界》一文中将人生的四种境界概括为：自然境界、功利境界、道德境界和天地境界。在论述天地境界时，先生指出：“天地境界的人，其最高成就，是自己与宇宙同一，而在这个同一中，他也就超越了理智。”超越了理智，自然不能缺少审美体验。在一定意义上也可理解为进入席勒所说的“审美境界”。而建立在“天人合一”哲学基础上的山水画，实际上正是为山水画家创造了一个走向“天地境界”的通道，并且为山水画的欣赏者提供了一个深邃而广阔的体验“天地境界”的审美空间，它可以让欣赏者“澄怀观道”，得到

审美愉悦的同时实现主体人格的超越。

徐复观先生认为：“中国艺术精神的自觉，主要是表现在绘画和文学两方面。而绘画又是庄学的‘独生子’”（《中国艺术精神》）。可以说，山水画构成了中国艺术精神的主体。所以，宗炳透过山水画“卧游畅神”，陶渊明“采菊东篱下，悠然见南山”，李太白“五岳寻仙不辞远，一生好入名山游。”……山水文化和山水画与中国哲学、诗歌、书法、建筑、甚至音乐都有着紧密地联系，山水画深刻影响和熏染着中国人的审美品格、生活方式和民族心理。毫无疑问，山水画精神的传承直接关系到中国文化精神的延续和发展。

二、曲高和寡——当代人与山水画的隔膜

中国的山水画是哲学的产物，是中国哲学派生出的心灵的艺术。在漫长的发展过程中，形成了一整套完整、规范、成熟的认知体系，并被整个民族所认同，成为中华民族的文化基因深植于国人血脉之中。然而从1840年到五四运动以来，当代人与山水画的隔膜正在加深已经成为越来越严重的事实。人文领域的“高级知识分子”读不懂中国画；掌握整个社会文化话语权的传媒考虑更多的是收视率和迎合大众口味，更是仅仅停留在“形、色”的表面，即黄宾虹先生所说的“外修”上；“有闲阶级”也把摆挂中国画当作附庸风雅的方式，更不用说普通大众了。山水画，在教育高度普及的今天，反而变得更加曲高和寡。

这一问题的产生自然有其历史原因，我们可以追溯到明末清初，追随到“五四运动”，追溯到美术发展史和中国现代化进程中的诸多历史事件，其根源均可归结为传统精神的流失。但在认真思考了山水画背后的中国哲学精神之后，我们可以对此有更清晰地认识：当代人与山水画的隔膜来自于在书法和古典文学方面实践与熏染的缺失，来自于对自然山水真正亲近感和审美能力的退化，来自于对传统文化中“志于道”人格追求的冷漠。

可以说，不懂书法，不懂中国古典文学，就很难真正理解中国绘画的笔墨韵味和精神境界。“味摩诘之诗，诗中有画；观摩诘之画，画中有诗”（苏轼）。在古代，只要是读书人，他们对书法，对古典文学就有一定程度的实践和浸染，这恰恰是体悟山水画的基础。而无论是书法还是古典文学，当代中国大部分山水画家在这两方面的修养都是缺失的，更不用说普通大众。这是当代人与山水画产生审美隔膜的一个重要的现实原因。这也再次提醒当代的山水画家，山水画创作绝对不能忽视对书法和古典文学的学习，对于山水画欣赏者而言，书法和文学也应该成为必修课。

“山川之美，古来共谈。”宋罗大经在《鹤林玉露》里更是指出：“大抵登山临水，足以触发道机，开阔心志，为益不少。”今天，与旅游热相应的衣是人们对山水的热衷，然而“观山亦如读书，随其见趣之高下。”有多少人在登山临水的过程中还能够“触发道机”？“无听之以耳而听之以心，无听之以心而听之以气，听止于耳，心止于符。气也者，虚而待物者也。唯道集虚。虚者，心斋也。”（庄子在《人间世》）可以说，不能体悟庄子的思想，就很难进入山水画的境界。按照庄子的观点，不能以“听之以气”的虚静之心作审美观照，就不能欣赏“天籁”大美。实际上，回文章开头引用的沈括之言，“书画之妙，当以神会，难可以形器求也。”不能“听之以气”自然也就不能与自然山水完全合一，也就不能明白和感悟山水画的“奥理冥造”，于是只能更多的“指摘其间形象、位置、彩色瑕疵而已。”最终也就扩大了与山水画的隔膜。

“夫美不美，因人而彰。兰亭也，不遭右军，则清湍修竹，芜没于空山矣”（柳宗元《邕州柳中丞作马退山茅亭记》）。在山水画的欣赏和创作上，审美层次的差异是不可回避的。正如潘天寿所言：“艺术之高下，终在境界，境界层上，一步一重天。虽咫尺之隔，

往往辛苦一世，未必梦见。”（《论画残稿》）而这最终又追溯到了对中国哲学精神的体认。程大利先生说，“中国山水画是一种主观生命与客观自然融合在一起的人格文化”“自古以来的大师不思考什么成功”。我将此理解为他们把主要精力放在了如何提升自己的人格水平和人生境界上。而当代的问题是，更多的人，包括画家本人，更多的是去追求所谓的“成功”，这无疑背离了中国山水画的根本精神。

所以，如何减小和消除当代人与山水画的隔膜，让山水画走进更多人的心灵和生活，成为一个十分紧迫的问题。它关乎中国哲学美学精神的真正传承，关乎中国人审美心理和国民素质的提升。而这样的审视，对当代的山水画家也同样有着特殊的意义，它也关乎当代山水画的创作与发展。

三、任重道远——当代山水画家应有的文化使命感

审视了当代人与山水画的隔膜之后，我们愈发深深感到当代的山水画家必须具有强烈的文化使命感。事实上，当代人与山水画隔膜加深的同时内心依然对读懂山水画充满着强烈的渴望。“成教化，助人伦”，儒家传统的艺术观正彰显出特殊的时代意义。当代的山水画家，担负着“正本清源”，让山水画的精神内涵与艺术魅力发扬光大并且将传统山水画进行“创造性发展”的历史使命。

“正本清源”的“源”不仅仅是山水画艺术层面上的“源”，不仅仅是明清，是唐宋，甚至是春秋，它更是中国哲学和美学之源，是对“道”的体认。如龙瑞先生所言：“我们所谓的‘正本清源’，在很大的程度上，是对中国文化核心思想进行的还原。”而对画家而言，作品永远是最有说服力的语言。当代的山水画画家，应该在对中国哲学和美学精神深刻体悟的基础上，通过自己的创作，不仅表现天地山川的自然之美，还表现出画家的秉赋、襟抱和人格境界之美，从而让人们在山水画面前产生感动，产生震撼，产生共鸣，感受到艺术之美，进而感受到山水之美以及中国人生生不息感天悟地的人文精神之美，重新建立与山水自然的亲近与和谐的同构关系，最终深刻体验中国哲学的“天人合一”之境，感受“天地境界”，实现人格和人生境界的自我超越。这才是山水画和山水画家在今天应该承担的历史使命。而缺少这样的反思、体悟和承担意识，山水画的创作格调恐怕很难真正得以提升。

山水画家除了通过自己的作品和人格精神“成教化，助人伦”以外，还应客观认识到自“新文化运动”以来中国山水文化的衰微，特别是“西学东渐”后所产生的人文分化使中国传统文化愈显尴尬，历经数千年积淀下来的优秀文化基因正流淌在自己的文化血脉里不被大多数山水画家和大众所认识，山水画几乎成为“高处不胜寒”的濒危遗产。客观上讲，阐述学的障碍及当代人人文基础的缺失，使人们很难从本体上体认中国山水画。因此，当代山水画家应承担起“教育和传播”的责任，“志道”“弘毅”，真正担负起任重道远的文化使命。

四、上下求索——当代山水画家应有的修养和艺术追求

那么，当代的山水画家应该具备怎样的修养和艺术追求？时代呼唤和需要怎样的山水画艺术？画家如何进行自己的艺术探索并且承担自己的文化使命？这是很多具有反思意识的画家和学者所思考的问题。

首先，从某种意义上讲，一个中国艺术家的艺术历程，就是“以心求道”“以艺合道”的过程。苏轼说：“吾所为文，必与道俱。”正是有了这种信念和坚守，中国文人和艺术家们忘我地在艺术和人生的道路上“上下求索”“虽九死而犹未悔”。中国的山水画家才可以“代山川立言”“与山川神遇而迹化”（石涛

陈仕彬　雅鲁藏布江系列之一　245cm×122cm　纸本设色　2007年

陈仕彬　山中一夜雨　365cm×150cm　纸本设色　2008年

语）。所以，当代的山水画家应该具有清醒的文化意识和自觉反思能力。传统是当代山水画发展的“源头活水”，只有立足于传统，真正“融入当代”才会成为可能。中国画尤其是山水画是与西方绘画迥然不同的绘画体系，二者之间的最大差异是中国画的哲学性和精神性，这已经得到大家的普遍认可。真正悟道的境界，是“从心所欲不逾矩”的中庸自如之境，是“物我两忘”的“逍遥游”，是明心见性后的自然与空灵……我想，倘若能够达到和进入这样的境界，便永远不会缺少艺术创新的灵感，这原本就是最伟大的艺术家所具有的心灵和创作状态。

其次，与对中国传统哲学的体认相对应，中国传统的笔墨精神不能丢掉，书法功力不可或缺。这个问题已经有过很多讨论，甚至是争论。可以肯定的是，笔墨不仅仅是技术，是中国符号，更与中国艺术的本质精神相通融。笔墨的世界其实是一个无限广阔和自由的空间，我们可以从中感受到“气”，体味到“韵”，从而使得整个画面混沦灵动，透露出强烈的音乐性，传达出象外之意，韵外之味。从点到线，从细微之处到浑然整体，山水画要呈现俊逸超拔的气韵生动，必须要藉笔墨之功。

最后，当代的山水画家要有一种“养吾浩然之气”的精神自觉。诚如陈传席先生所言：“我们的时代更需要的是汉唐的豪气、猛气、大气、厚气、健气，需要阳刚的正气。”在黄宾虹看来，深刻地认识和远大的抱负（“志于道”），正确的方法和执着的追求（“居于德”），端正的动机和良好的心态（“依于仁”）是大家之“气”的前提，有了这种“大家之气”，山水画创作上方能不落俗套。

归之，当代山水画家不仅要有画人的功力，文人的情怀，还要有士夫的使命。如此，方能由画体道，由画证道，由画弘道。

陈仕彬　古道今犹在 不见故人来　180cm×97cm　纸本设色　2007年

陈仕彬　阳朔深秋　180cm × 97cm　纸本设色　2008年

陈仕彬　渺渺怀霜雪　深谷万古琴　245cm×122cm　纸本设色　2007年

造化与生意

撰文：刘墨

刘墨

1966年1月15日生于沈阳，中国美术史硕士、文艺学博士、历史学博士后。现为北京大学历史文化资源研究所研究员、中国艺术研究院研究生院客座教授、西安交通大学东方管理学院教授。

读书致思，以诸葛亮『淡泊明志，宁静致远』和陈寅恪『独立之精神，自由之思想』为宗旨，潜心体会『宁静、淡泊，独立、自由』之义趣。主要著作有：《中国艺术美学》《禅学与艺境》《中国画论与中国美学》《中国散文源流史》《八大山人》《石涛》《龚贤》《国画门诊室》《书法与其他艺术》《乾嘉学术十论》《艺术中的文人》《20世纪中国画名家批评》《插图中国书画艺术》《传统的延续与演进》《生命的理想》《吃亏是福》《现代国学思潮与人物》《在艺术与学术之间：刘墨对话艺术名家》等，主编图书40余种。先后在北京、沈阳、厦门、淄博、福州、太原等地举办过书画展。另有400余篇论文发表于报刊之上。

“造化”一词，源于《庄子·大宗师》：“今一以天地为大炉，以造化为大冶。”注谓“造物”。但宋人的“造化”观念却是由《易经》而来。因宋人眼中的《易经》，一个最大的特色就是“万有含生论”：大生机，蓬勃生气，盎然充满，创进生生不息，宇宙万有，秉性而生，复又参赞化育，适以周成性体之大全。张载在《横渠易说》卷三中指出：

乾坤，天地也；易，造化也。圣人之意，莫先乎要识造化，既识造化，然后（有）[其]理可穷。彼惟不识造化，以为幻妄也。不见《易》，则何以知天道？不知[天]道，则何以语性？[①]

这里的“彼”，显指佛禅。而从他猛烈地批判“幻妄”“幻化”“见病”诸语来看，他主要的批判对象是《首楞严经》。今日的学术界已经考证出它是唐代的伪经。但是，它却极为明确地肯定了心性本体。它不仅受到了禅宗的欢迎，而且在知识分子中也广泛流传。像王安石就有《楞严经解》，苏辙《栾城后集》卷二十一也有《书楞严经后》。在《首楞严经》中，人生天地自然作为幻妄的想法，典型地体现了一种佛教世界观。特别是从《大乘起信论》以来，以如来藏等心意识为主的理论体系，与中国《易经》的那种重视天地生成、重视造化的观念，是完全对立的。正因为这样，对“造化”这样概念的强调，以及对遍在于天地万物之间的那种生生之德的歌颂，顺理成章地成为儒家哲学需要解决的极为迫切的问题。西顺藏在《中国和佛教思想》一书中，在比较了中国文化与佛教文化所做的论战后，把“重视生生化育的现实主义”和佛教的出世主义作为明显地对立之一。[②]

“格物”是一种哲学观念，“观物”亦属于一种哲学思辩。邵雍《皇极经世书·观物内篇》说：“夫所以谓之观物者，非以目观之也，非观之以目而观之以心也，非观之以心而观之以理也。天下之物，莫不有理焉，莫不有性焉，莫不有命焉。”乃透过“以物观物”的修养功夫，解除情欲计度之心，开示一种清明朗照的心性境界。而周敦颐“窗前玩草”“常欲见造物生意”等等，同样也是一种观物方式，只是较邵雍更具审美意义。《二程遗书》卷十一记程伊川在评《易》时说：

天之大德曰生，天地絪缊，万物化醇，生之谓性，万物之生意最可观，此‘元者，善之长也’，斯所谓仁也。

“仁”在先秦儒家那里，本是道德观念，而程颐却创造性地将它解释为万物之生意，仁即生机，观生意即是观仁，在生意之物中亲证仁的道德境界，因此观物实际上既是哲学智慧，又是伦理情怀，同时更是艺术精神。程明道又说：

学者须先识仁，仁者浑然与物同体……此道与物无对，大不足以名之。天地之用，皆我之用。[③]

将一己生命与宇宙生命打成一片，并由此而获致一种生命的喜悦、从容之情，于是诗、书、画作品，都能体现此一种充溢流荡于宇宙与人心之间的生命的诗情。《易学辩惑》记邵雍指点程颐看花曰：

① 《张载集》（中华书局，1978），第206页。
② 参见镰田茂雄《儒、道的气与佛教》，载《气的思想》第324—340页。
③ 见《宋元学案》（中华书局，1986），第541页。

伊川又同张子坚来……自可观造化之妙。

张九成《横浦文集》附《横浦日新》：

明道先生书窗前有茂草覆砌，或劝之芟。明道曰：“不可，常欲观造化生意。”

在这方面，邵雍(1011–1077)有着无可替代的作用。《朱子语类》卷一〇〇：“邵尧夫诗‘雪月风花未品题，此言事物皆有造化”，也就是他在雪月风花中体悟到了宇宙本体无所不在的化育流行，领悟到了弥漫于宇宙之中的生机与和谐，而这正是他留给后世儒家的一笔最宝贵的精神遗产。南宋的魏了翁《鹤山先生大全集》卷五十二《邵氏击壤集序》中对他有这样高度的评价：

宇宙之间，飞潜动植、晦明流峙，夫孰非吾事？若有以察之，参前倚衡，造次颠沛，触处呈露，凡皆精义妙道之发焉者……若邵子使犹得从游舞雩之下，浴沂咏归，毋宁使曾晰独见于圣人也与？洙泗已矣，秦汉以来，无此气象！

至此，孔子赞赏曾点的精神气象，就像朱熹在《四书集注》中所说：“胸次悠然，直与天地万物上下同流。”完全被宋儒发挥出来了。我们可以看到在宋儒诗句中反复出现的题咏自然风景的佳句，无不体现出他们对自然的审美，同时更主要的在于，他们通过对和谐而永恒的宇宙韵律的体悟、追求与表现，实现了“天人之际”思想体系的高度完善与自觉。我们试读《濂洛风雅》，就能体会到宋儒的审美活动，无不体现着心灵与宇宙韵律间极幽微、极深致的共鸣，同时也无不体现着天人之间的无限和谐。如果说，六朝隋唐间人注重于高度敏锐的审美感受力与表现力，那么，宋人更注重于人、艺术与大自然之间的关系。

宋明的哲学家普遍形成了对“生意”的热爱，在观生意中体味宇宙造化之伟力，在生意盎然中亲证“仁”的道德境界，因此仅从“观生意”一种行为中，就包含了哲学智慧、伦理精神和艺术情怀三境界。

“生生”为一句熟用语，前一个“生”字为动词，意为奉养、孳化、产生之意，后一个“生”字为名词，即生命。张载《横渠易说》释“生生之谓易”之“生生”为“进进”，即指生命的向上升腾。宋儒几乎将宇宙的本质就视为生命精神，其义有三：

1．天地万物无不充盈易然奋进之生命亦无不是生命的结晶；

2．一切天地间流动的生命都是由内在生之理、生之质、生之道的体现；

3．生之理、生之质、生之道即为宇宙之性。

同样，中国的艺术家认为，如果艺术家们在他进行创作之前就已经把握了“理”，艺术就能与“化育”这种观念相符合，如同自然物体被自然力量所化育而成熟一样。甚至书法也可以像张怀瓘所说：仅仅凭一根线纹，就可以“得物象之形，均造化之理”。④当一观念被确立起来的时候，我们便在五代北宋以后的画论中看到这样大量的记述，而这绝非是陈词滥调：

——郭若虚《图画见闻志》卷四：“学穷造化，意出古今”；

——梅圣俞《宛陵先生集》卷五十《王原叔内翰宅观山水图》：“老松瘦树无笔踪，巧夺造化何能穷。”

——刘道醇《圣朝名画评》卷三《花竹翎毛门·神品》：“与造化之功不甚远”；“（李）成之为

④ 张怀瓘《书议》，引自《历代书法论文选》（上海书画出版社，1979），上册第147页。关于儒家思想对书法理论的影响，我曾有《儒家思想在书法理论中的渗透》一文以论之，收入《书法学论文集》（江苏教育出版社，1995）中，第169–182页。

刘墨　双蛙图　68cm×45cm　纸本设色　2010年

画，精通造化，笔尽意在，扫千里于咫尺，写万趣于指下”；

——沈括《图画歌》：“李成笔夺造化工”；

——韩拙《山水纯全集》里论艺曰：“索之于未状之前，得之于仪形之后，默契造化，与道同机”；

——邓椿《画继》：“（徐）熙志趣高远，画草木虫鱼，妙夺造化，非世之画工所可及也。熙画花落笔颇重，中略施丹粉，生意勃然”；

——鲜于枢《困学斋集·题董北苑山水》：“意匠妙与造化俱”……

——周寿村题郑思肖画曰：“试观所南墨竹，中有深意，依固不俗，未肯全泄造化之机，聊露一班于片幅，隐其全体而显一。知此理者在机、目，若能将隐显之同一来观，明月清风皆自足。此翁谈玄岂亦然？微露一机而与人参，举一以反三隅，挺其余蕴而不宣终，若悟厥理本一致，斯明画竹之意也”；

——李日华记黄公望之事曰：“黄子久终日只在荒山乱石丛木深筱中坐，意态忽忽，人不测其为何。又每往泖中通海处看急流轰浪，虽风雨骤至，水怪悲诧而不顾。噫！此大痴笔墨所以沉郁变化，几与造物争神奇哉！”

许地山说，造化即是道的别名；闻一多说，所谓泄露天机者，便是悟到宇宙意识之谓，故造化即指范铸万有的天道，因此外师造化而不至于纯粹客观的摹写，种种形态的摹写与把握，实含有对“道”的体认之意，或感悟造化之妙、山川之美。故而中国艺术与美学不鼓励艺术家陷入主观的感性快乐中，也不曾使艺术仅仅局限于单纯的描绘之中，而是以人类精神的活跃创造为目的，将有限的体质点化为无穷之妙用，透过空灵的神思而令人顿感真力弥满、万象在旁，一花一鸟、一木一石、一点一线、一弦一音，皆充满了生香活意。

再看“生意”一词的运用：

——米芾《画史》说：“董源平淡天真多，唐无此品，在毕宏上，近世神品，格高无与比也。峰峦出没，云雾显晦，不装巧趣，皆得天真。岚色郁苍，枝干劲挺，咸有生意。溪桥渔浦，洲渚掩映，一片江南也”；

——董逌《广川画跋》卷三《书徐熙画牡丹图》：“世之评画者曰：妙于生意，能不失真……故能成于自然”；

——韩拙《山水纯全集》：“本乎自然气韵，以全其生意，得于此备矣，失于此者疾矣”；

——邓椿《画鉴》：“（徐）熙志趣高远，画草木虫鱼，妙夺造化，非世之画工所可及也。熙画花落笔颇重，中略施丹粉，生意勃然”；

此时的画家在自己的创作中体现这种生意，批评家亦以此为标准来判断画家成就之高低。米芾《画史》评李成伪作：“形貌似尔，无自然，皆凡俗，林木怒张，枝干枯瘦多节，小木如柴，无生意，皆俗手假名。”“生意”，无疑是区分真伪与成就高低的一条重要标准。

统观宋代的画家与画论，几乎无不标榜忠实于自然面貌，然而他们却为何要置西方人看作是常识的远近透视法于不顾呢？也不是没有人在作品中试图采用这种方法，但当他们按照这样的法则创作出来作品之后，却立刻遭到了反对。沈括在《梦溪笔谈》卷十七《书画》中便这样近乎苛刻地批评了李成的做法：

李成画山上亭馆及楼塔之类，皆仰画飞檐，其说以谓自下望上，如人平地望塔檐间，见其榱桷。此论非也。大都山水之法，盖以大观小，如人观假山耳。若同真山之法，以下望上，只合见一重山，岂可重重悉见，兼不应见其溪谷间事。又如屋舍，亦不应见其中庭及后巷中事。若人在东立，则山西便合是远境；人在西立则山东却合是远境。似此如何成画？李君盖不知以大观小之法。其间折高折远，自有妙理，岂在掀屋角也？

当我们读了沈括的论述之后，我们知道他们显然是有意回避的。基于同样的原因，他们也不采用阴影法而是取“折高折远”的“妙理”。沈括最后是胜利了，因为他是植根于中国艺术传统之中的：对于中国画家来说，一个重要的传统，就是画家与自然的直觉认同为一种本质特征。不管人们怎样理解谢赫的“气韵生动”，其中一定离不开这样一种解释：艺术家要把自己同遍布于自然中的精神活力（“气”）及其生命运动（“生动”）一致起来，并能在自己的画中加以成功的表现，而绘画中应该充满的，也正是这种自然的生命。也就是说，绘画的真正目的并不在于有形地反映可见之物，而在于对存在物之变化的感知。于是中国的画家可以化静为动，抟实成虚，一切无不有生气荡乎其间，一切死物僵态均与艺术绝缘。

如何把这种理想搬到画面上去，是画家必须解决的第一大难题。方闻在《心印》一书中指出，中国画家分三个阶段（约700—1050年，约1050—1250年，约1250—1400年）征服了“幻像”。而征服“幻像”的第一步，便是解决空间问题——正是山水画理论家通过对空间的阐释，使得中国画家对山水的象征性而非空间性的描绘成为可能。当西方艺术史学家使用“透视”一词时，暗含了对外在世界进行投射的意图，而这对中国画家来说却是少见的，他们关心的并不是“透视”，而是六法中的“经营位置”，即对画面位置的经营胜过于对视觉透视的关心。郭熙《林泉高致》中为我们提供了这方面最好的例证。

——“盖身即山川而取之，则山水之意态见也”；

——“真山水之云气四时不同”；

——“一山而兼数十百山之意态”。

无不表露山水的位置与意态是与画家主体的感受相关：山水在时间流动之中的变化性和感受上容延伸之中的完整性是与宋代哲学中的宇宙意识结合在一起的。杜维明指出中国自然观有三个基本点：连续性、整体性和动态性——存在的一切形式，都是一个往往被称为“大化”的连续体不可缺少的组成部分。而于人或画家的每一个行为都在经验的整体性中优美地走向自身合适的位置，因为世界自身是完整的，每一时刻都有其自身的意义。这说明，自然客体的主观化也即主体化将成为山水画传统最显著的一点。下面这一段最能说明这个问题：

山有三远。自山下而仰山颠，谓之高远；自山前而窥山后，谓之深远；自近山而望远山，谓之平远。⑤

其目光明显是流动的，有了不胶着于一时一地的流动的目光，有限的时空就升华为艺术之体味。所以当山不是被作为客观空间的对应物来加以看待时，人们才会领会它真正的精神含蕴。这种精神印象，决定了山水画空间图式的选择。郭熙继续说道：“高远者明了，深远者细碎，平远者冲淡。”而当这一切落实到艺术家的层面时，便是虚实、远近、动静等美学范畴之具体运用，画家的视知觉由固定的空间状态和单一角度中解放出来，而由画家和山水自在自发地呈现其本身之美，进一步说，是画家化身于自然韵律之中与之徘徊而发现自然之美，是自然而然、流荡着无限生机气韵的山水。

⑤ 郭熙：《林泉高致》，《历代论画名著汇编》，第71页。

刘墨　虽寻布障留春住　45cm×68cm　纸本设色　2012年

刘墨　绿芜春雨洛阳城　45cm×68cm　纸本设色　2012年

刘墨　秋水　68cm×45cm　纸本设色　2012年

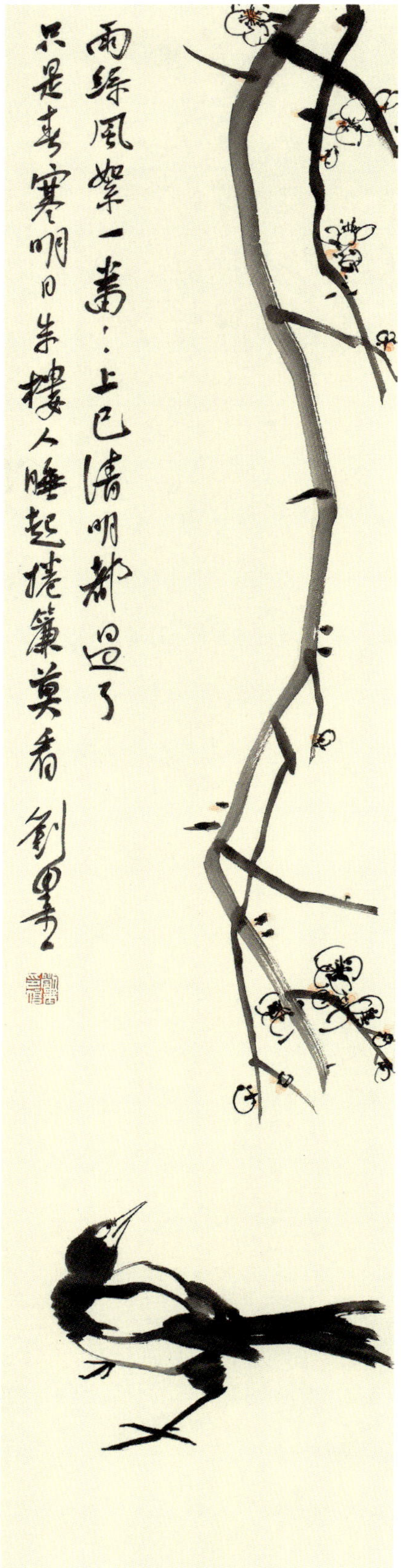

刘墨　春寒图　137cm×34cm　纸本设色　2012年

刘墨　花边载酒　137cm×34cm　纸本设色　2012年

刘墨　半卷香帘绕碧纱　137cm×34cm　纸本设色　2012年

刘墨　憩　137cm×34cm　纸本设色　2012年

山居笔记 摘录

撰文：一了　摄影：周立山

图片提供／www.yliao.cn

一了

1970年11月23日生，本名朱明。甘肃皋兰人。非僧非道，隐于嵩山。嵩山十方精舍主持。曾于东京、首尔、北京、上海、西安、郑州、兰州等地举办个人作品展，并多次应邀参加美国、德国、意大利、日本、韩国等国举办的当代艺术展。出版个人作品集、文集十余部。作品被中国美术馆等国内外美术馆、博物馆以及当代艺术机构收藏。

问：一了你在自办的杂志上鼓吹自己的艺术不觉得不妥吗？

一了：毫不觉得不妥，因我的艺术我才办杂志，《十方》杂志如无一了的现眼，它还有必要存在吗?姜文导的片子，杨丽萍编的舞剧，他(她)如不去主演，我就觉得没劲无魂了。我自知自己的所作所为于未来的意义，我想让人明白民间、野生的力量是不可轻视的。只要诚恳、真心的去做自己想做的，不必患得患失，一根筋只扑自性，越过一切礼法规则。是非云烟，纯心为艺做人，只要有独立自主的才智、艺术、行为，就大大方方干下去。

人的智力都是有限的，本来无法本无一物，对于自己未知的看不惯的艺术、智慧、行为要学会倾听、思考，为什么会这样？他存在的理由是什么？自己的钥匙开自己的心灵之锁，别人的锁让别人去开；拿自己的钥匙打不开别人的锁就乱砸胡捅吓骂就弱智傻B而闹笑话了，你以为自己有万能的钥匙与智慧呀！

我是一只山上野狗野鸟，家狗家鸟看不惯我，以为我脾气坏火气大，因为动物园里的家狗家鸟没脾气没火气，大体上兽性被阉了，开始装人了。家狗家鸟骂我，我习惯了，因为我从来不屑它们，不是一个品种。但总有无名无姓的虫子、苍蝇来骂你，就可笑了，好象老鼠意淫老虎，总是天方夜谭，自不量力，无耻可笑了。

白石老人画过“人骂我，我也骂人”的画，寒山和尚用“且不理它”来对应一切，我都喜欢，但我开[illegible]法，见机行事。有人觉悟高，人打他左脸即送上右脸，人强拆污辱欺骗谩骂皆慈悲笑脸相迎，以为超然安详，我觉悟低，遇上这种事，必痛快恶毒还击，如鲁迅“打死落水狗”而后快，有恶不除，即是伪善大恶。

问：别人骂你好象你很开心，你骂人时无视一切的样子，就没看上眼的人？

一了：那要看何人以何种语言来骂我，直指我心了，当然乖乖倾听，反省感恩；如若疯狗来咬，无论年龄身份，皆生猛痛击斩断后路，以免害人。我看上眼而生敬慕心的当代高人多了，木心王小波王朔陈丹青艾未未石虎，静净以对，反观自性。

问：你怎么看待被人骂？

一了：我在中原20多年就在骂声中成长起来，艺术、言论、行为皆一意孤行初衷不改，怎么可能活的清白？骂你的人往往是牵挂你的，有时往往熟悉的人，你走远了，他怕失去你，竟痛恨起来，实际上也是一种“爱”，爱恨交加，挺不易的，但我总对骂者捏把汗怎样才能骂的文辞风流洒然。是人都有骂人与被骂的经验，包括心里骂。骂亦有才智高低的不同，泼妇骂街式就恶俗弱智了，高人互骂总是英雄相互成全，对手法

了，心亦凉下来，不好玩了。五四文人相轻的笔仗就跌宕风流，晚上作文互骂，第二天又没事一样的在一起酒茶嘻谈，熊十力与废名，鲁迅与阵敌，好玩死了。被英雄战败亦一脸自喜。

啥人画啥样的画儿，宾虹白石的画儿长得多像他们本人，大大方方的气派风流，画儿要大大方方画来，真不容易。人小气算计了，画就不会大方而有气派。黄永玉画流了，但人内心气派又有风骨，作品虽直白还是稍有点气派。人活一口气，画也是。气足了魂魄就在气弱就都立不住了。当下的画都是有力无气的。

我写微博纯属思维开心，如同院里狗叫。有时莫名其妙，但叫完后很爽的样子，一点没有功利心的专呀，噫吁嚱，狗子有佛性矣。

读闲书喝热茶胡乱想自开心。

木心说：“五四迄今，文学的发展过程是：一种文艺腔换另一种文艺腔。初始是洋腔，继之是土腔，后来是洋得太土、土得太洋的油腔。”当下也是这样吧。油腔过后会是什么腔呢？

一了作品之一　68cm×136cm　宣纸彩墨　2011年

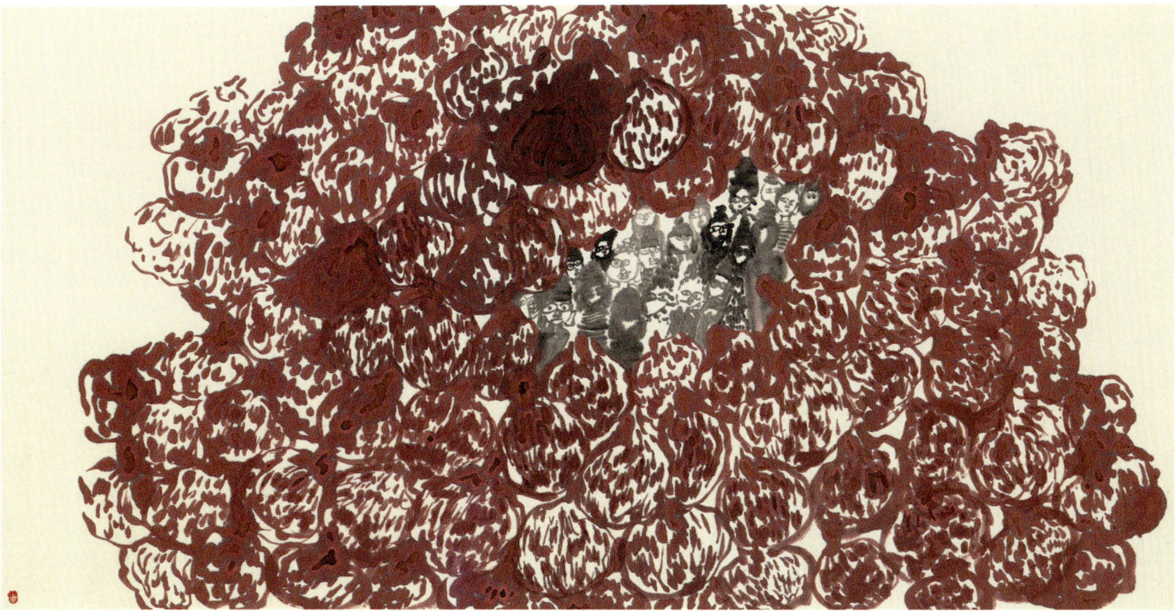

一了作品之二　68cm×136cm　宣纸彩墨　2011年

一了作品之三　136cm×68cm　宣纸彩墨　2011年

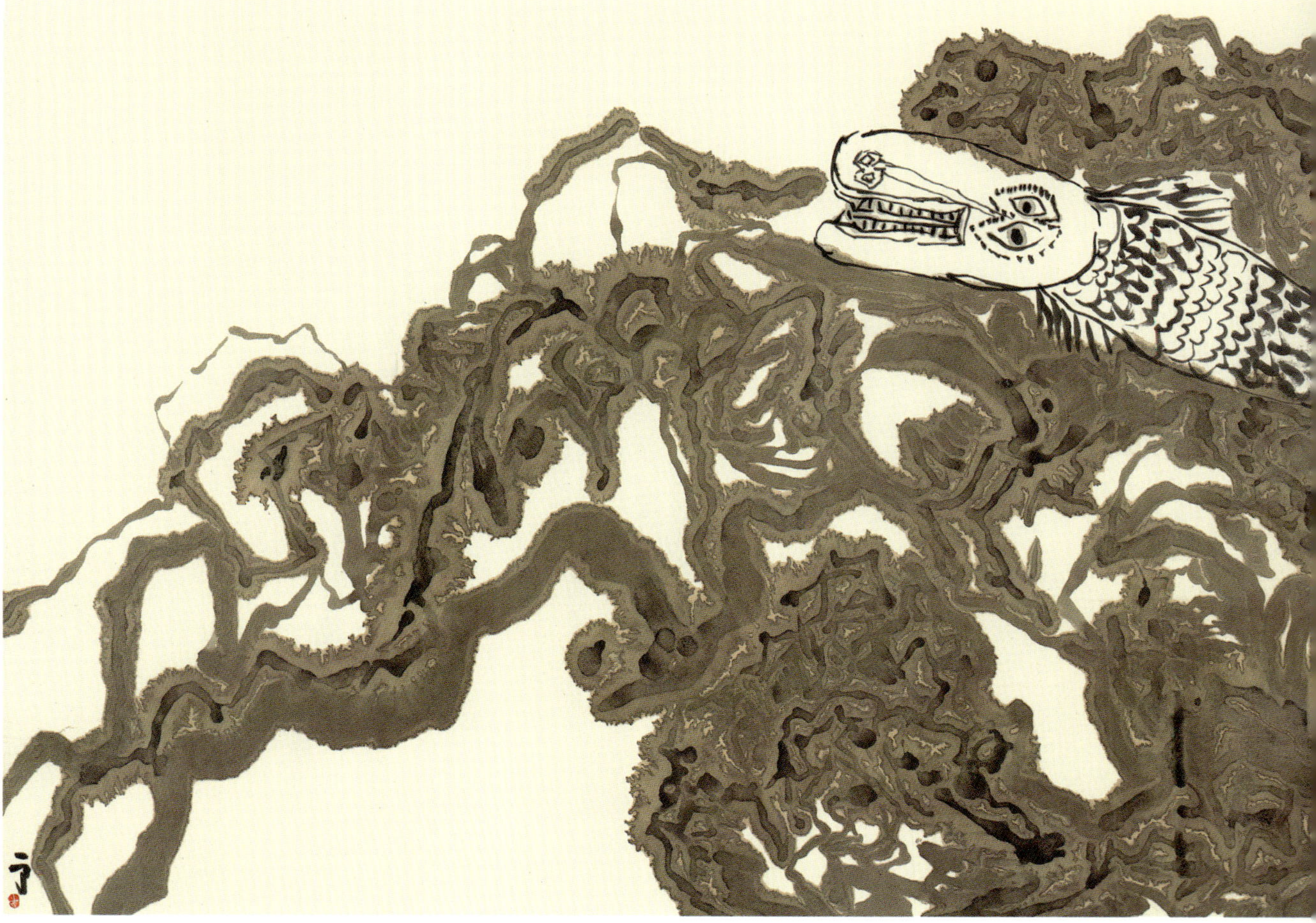

一了作品之四　68cm × 136cm　宣纸彩墨　二0[illegible]年
一了作品之五　68cm × 136cm　宣纸彩墨　二0[illegible]年

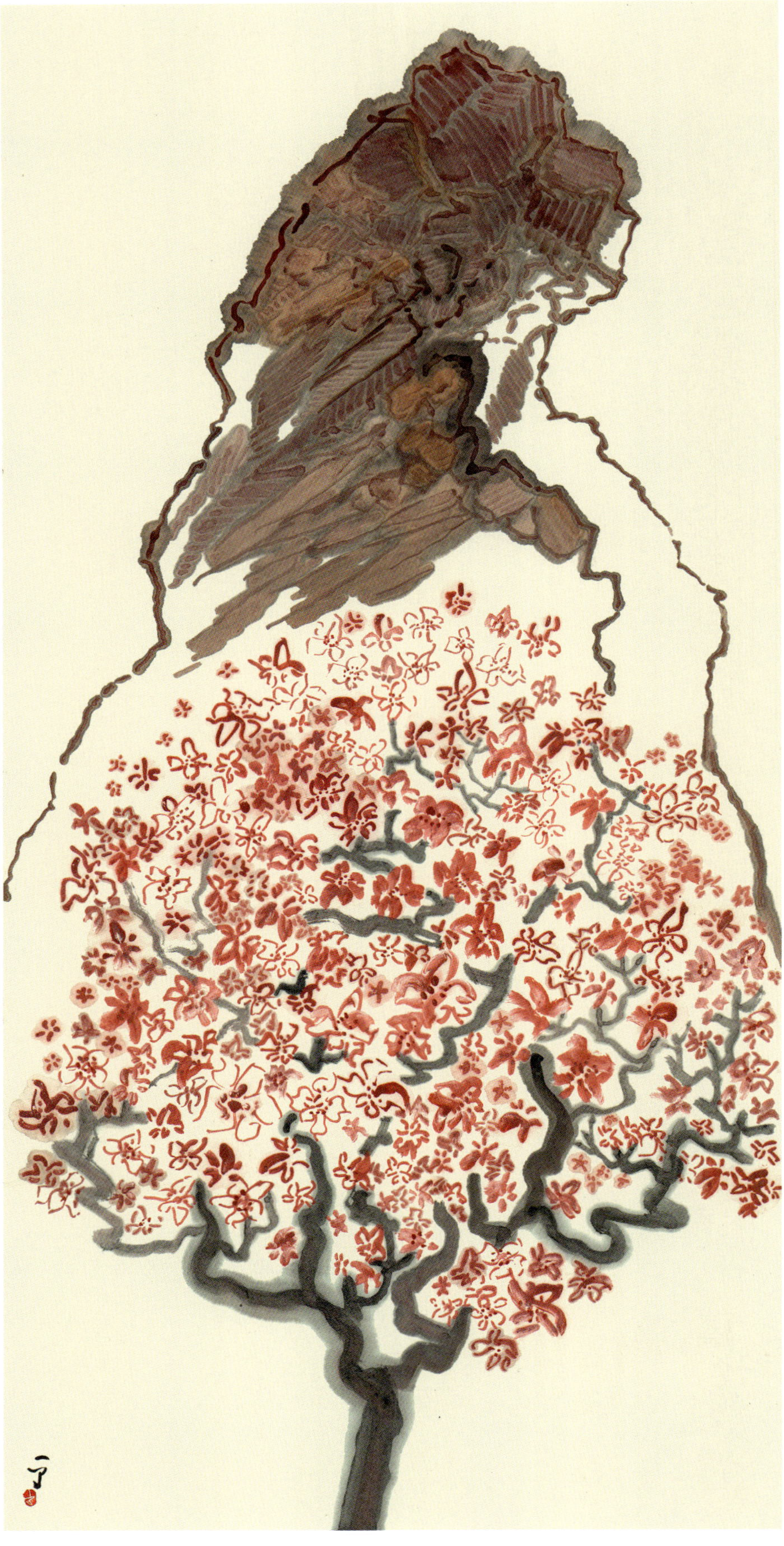

一了作品之六　136cm × 68cm　宣纸彩墨　2011年

一了作品之七　136cm × 68cm　宣纸彩墨　2011年

写生之说

撰文：李洪伟

南海岩

1962年生于山东省平原县。1982年毕业于德州师专艺术系，同年分配于平原师范学校任美术教师。1994年入北京画院深造于王明明工作室，并受益于卢沉、周思聪和姚有多等教授。现为北京画院专业画家，国家一级美术师、中国美术家协会会员、北京美协中国画艺术委员会委员。作品《阳光璀璨》于1999年获第九届全国美展铜奖，《净土》于2003年获第二届中国画大展铜奖，《金谷》于2004年获第二届全国中国画人物画展铜奖，《尘》于2005年获文化部全国画院双年展优秀作品展最佳作品奖。《虔诚》入选百年中国画大展，并被中国美术馆收藏。出版有《南海岩画集》《当代美术家精品集·南海岩》《南海岩重彩人物画集》《名家名画·南海岩彩墨人物》《百年中国画展名家精品·南海岩专辑》等十余部作品专集。

石涛所说的“搜尽奇峰打草稿”说的就是写生，它是面向大自然去寻找素材，然后用绘画的形式去表现自然中的人或物。写生是绘画基本功训练的方法之一，写生是手段，不是目的，目的是为了锻炼自己的表现能力或为创作收集素材，作画前准备。只有通过写生搜集的素材多，才有创作的自由性。董其昌认为：“始当以古人为师，后当以造物为师。”以造物为师就是写生，就是师法自然。他又提出“唯以造物为师，方能过古人，谓之真师古不虚耳”，可见写生的重要。古人这些话论，给我们启迪，给我们指引了方向，但我们不可犯教条主义，师古不可泥古，师造化不可描摹自然，要做自然的主人。

以形写神

谢赫“六法”中的“应物象形”指的就是写生，也就是说物象的真面目如何，要表达清楚，既要写形更要写神。南海岩先生认为，对物象的“写真”是还原事物的本真还原艺术的本体。尤其是人物画家要把握住形体结构的准确性，应该深入刻画，至使在画像写真的基础上把发自内心的感受表现出来，只有心性的流露才可传神。艺术不是信马由缰，不能像齐白石先生所说那样不似或太似，只有在似与不似之间为妙，这里有一个度的掌握，以形写神是对齐白石的这一论述的最好注释。如在特殊意义特殊环境或特殊形式的人物画中，虽不是生活中的某人某事带有虚构的成分，也是基于在现实生活中所获得的。只有源于生活的创作才能真切感人，能反映艺术的本质，只有真情真貌真性才能表现出感动别人的作品。他不是表现概念的抽象的人。如南海岩《曙光》中表现的藏民夫妇，她们是真实的又是虚构的。正是由于画家来自于生活的体验，在以形写神的高度概括中，表达了画家的真情实感，所以这是一幅感人肺腑的作品。

我们在写生的过程中不是简简单单的人物再现，而是在对生活中的人物个性有着精辟入里的认识提炼的表现。如埃及古国法老纪念雕刻，酷似法老本人，肯定是具体的某位法老形象。但他那正襟危坐头戴三冠的典型造型，似乎是历代法老的代表，又是奴隶制国家统治者的形象。又如达·芬奇的《蒙娜丽莎》是源于生活中的真人，画家以古典写实主义手法深入地刻画了典型形象和她的内心世界，作品的感人之处并不在于画的是谁，而在于画中人物的神态与气质。中国的传统人物画大都也是以真人真貌的绘画形式出现的，所以成为经典，因为它或以工笔或以写意的高度技巧，突出了主体人物的形神兼备，表现了那个时代的社会风尚及个人情感，因此得以世代相传。如李公麟的《维摩诘图》、孙位的《高逸图》，都是对封建文人大夫的生动写照。虽然表现的都是现实中的人物，但经过画家用艺术手段加以高于生活的描绘，已成为中国绘画史上的珍品。当然我们不排斥虚构的人物在画中出现，但应注意的是不失去写真含义。只有以形写神才能再现个性的艺术。如果概念化地去表现，人物的性格也就丧失了，其生命力也将不复存在了。罗丹说：“在艺术中，只有那些没有性格的，就是说毫不显示外部的和内在的真实作品，才是丑的。”这说明我们既要坦诚做人，又要把物象的真实形态真实个性真实情感表现出来，才能达到写生目的，成全写生的意义。

我们在写生时，不能总以真人的形似为满足，还需要神似，所谓神似就是要传神，传客观对象之神，传主观情感之神。自顾恺之提出“以形写神”的论述后，便成为历代人物画家所遵循的原则。因为他明确地阐述了神与形的相互依赖关系。作为表现手段的形似是为神似服务的，它必须尊重客观对象的形，但并不是客观对

南海岩　金辉　97cm×74cm　纸本设色　2011年

象的翻版，也不是放任自流的粗率。无论是工笔还是写意，只要能传达对象的神，可以是具象的，可以是抽象的，可以是写实的，也可以是写意的，甚至于是夸张和变形的。再写生时，要把对象的比例构图形式全都考虑进去，争取拿过来就能在创作中应用。写生往往又是多种技法探索的试验田，它可以进行多种材料，多种笔墨技艺的尝试，新的风格新的突破常常在写生的实践中产生。如东汉陶塑《双舞俑》的稚拙之味与明代陈老莲的变形之趣等，都是表现的人物神韵，其栩栩如生之态得之与他们的夸张和变形手法。所以说人物写生要深刻认识人物原型，集中提炼与概括，生动地揭示对象的神采和本质，正所谓“意足不求颜色似，前生相马九方皋”，说的就是这个意思。

人物写生的感性认识

人的形体结构很复杂，动态也千变万化，且表情多变，个性也各不相同，对于“以形写神”，人们对其有不同的认知。眼睛是心灵的窗口，是容易表达感情的地方，顾恺之提出“传神写照在阿堵中”，说明眼睛是最能传神的地方，但人物的精神气度和外在特征也是传神的重点。苏东坡在传神记中说：“凡人意思，各有所在，或在眉目，或在鼻口。”他指出人的神韵也可在须眉间获得。清代蒋骥在《传神秘要》中也说道：“大抵写照难在两目，但须得其人之自然，不可少有假借勉强。有一种人眼睛全无神气，或是近视，必执此为板法，反致拘牵矣。”他指出人的传神，要区别对待具有不同个性的人物。

人物画可表现复杂的情节，也可表现单独的人物形象，通过画家的艺术处理，都可传达人物固有的个性神态气质和品格，所以瞬间的人物动态和情节也有特殊的要求，要有绘画性，要有可视的人物形象，要有典型的人物性格和典型的环境处理，人物的形态贵在自然。正如清代沈宗骞在《芥舟学画编》中所说：“神归自在，更不关乎动作语言。若动若静之间，非肆非庄之际。”南海岩先生的《福瑞呈祥》是神归自然的代表之作，都是瞬间情感的自然流露。为了使画面有所张力，可在写生素材中寻找一些典型情节，这样可集中深刻地表现、揭示人物的精神品质。还有一种人物画表现形式是通过环境情节来揭示人物的身份和个性。如史国良的《八个壮劳力》，表现的是人们在丰收时的那份喜悦之情，情节是通过丰收，再现的是每个人内心的情感。所以我们要抓住偶然出现的形态，体现必然的效果。 彼以无意露之，我以有意窥之”，“彼方笑谈话语之间，本真性情坦荡，我则静而求之，默识于心，闭目如在眼前，放笔如在笔底”。这是南先生写观察的经验，也是他写生时的状态。元代王绎的《杨竹西小像》，倚杖而立，被倪云林补画的片石孤松烘托出高士桀骜不驯之态。其背景并不是职业、身份、生活环境的说明，却是表达人物个性、神采、思想的象征。

在写生时，我们必须提高观察能力，要洞悉事物细节。微妙的细节往往可突显深刻的内涵。如南海岩先生的《虔诚》，老人的沧桑都体现在她的指甲盖中，虽然又脏又黑，但它是辛劳的见证。著名评论家刘曦林先生说：“如果把一幅画比作一首诗，那有生命力的细节是常常耐人寻味的警句。”所以要善于捕捉典型的细节，真实的细节描写最能够打动人心。

写心达意

“以形写神”实际上是“写心”，只有发自内心的感悟表达的神似才可传情达意。写生中谨记这样的理念，也就是“欲动笔时先立意”。把写生当成创作是有益的，再写生训练时直接注入感情、融入思想，使心灵的感动表达出来，那是一种真实感情的宣泄。宋代陈郁在《论写心》中说：“写照非画物比，盖写形不难，写心惟难也……盖写其形，必传其神。传其神，必写其心，否则君子小人，貌同心异，贵贱忠恶，奚自而别？形虽似何益？故曰写心惟难。”要挖掘人物的思想，使之升华到真、善、美的境界，应是写生的难点。人物写生不是简单的喜、怒、哀、乐的表面化，其中还包含着

南海岩　瑞兆丰年　53cm×88cm　纸本设色　2008年

精神品质和思想灵魂的东西。如明代陈老莲的《屈子行吟图》，表现了屈原“行吟泽畔，怀忠不平”的悲愤。这是读其《离骚》诗作的感悟，是从生活中寻找真实人物形象的联想，以提炼概括的手法表达了自己的心声，体现出屈原品质的深层寓意。所以我们要从主观、客观合二为一的艺术观看待写生与创作之间的关系。

其实美的东西无处不在，生活中有我们很多熟悉的东西，这些东西能使我们言之不尽关键在于发现只有熟悉了才能顺手拈来。写生一定要“博”，地基越大楼房盖得越高，这需要我们有“海纳百川”的胸怀。如刘文西先生在陕北黄土高原生活了几十年，熟知当地的风土人情，了解黄土地上农民的喜怒哀乐，就是这些最熟悉的东西成就了他的“黄土画派”。他的《祖孙四代》，可谓是划时代的经典。何家英的《土地》，表现的是发生在农村的人和事，是那样熟悉的身影。齐白石先生的《藤萝小鸡》，以亲切而富有田园情趣的魅力，沟通了人与自然的心性，意味深长，耐人回味。多读书、多汲取，才会有涓涓细流的作品涌出。陈郁说：“夫善写心者，当观其人，必胸次广，识见高，讨论博，知其人则笔下流出，间不容发矣。倘秉笔而无胸次，无识鉴，不察其人，不观其形，彼目大舜而性项羽，心阳虚而貌仲尼，违其人远矣。”这种对“其人”细心观察，直至了解之行为，是我们人物画家必备的素质。所以人物写生训练一定要“站得高”，要“走得近”，才能体察不同人物的“心”和“神”，才能更深刻地描写人物的个性和灵魂。“以形写神”与“写心达意”是一致的，我们必须尊重生活，尊重生活的真实，尊重真实人物的塑造。在实践中体会“以形写神”的表现能力，塑造出具有人物精神内涵而又富有个性特征的感人形象。只有观察领悟深刻，才能表达丰富的内容。

南海岩　凝　183cm×124cm　纸本设色　2004年

南海岩　祈祷　200cm×115cm　纸本设色　1994年

南海岩　金谷　145cm × 200cm　纸本设色　2003年

南海岩　醉秋　96cm×53cm　纸本设色　2001年

南海岩　曙光　193cm×145cm　纸本设色　2009年

王平

1971年11月5日生。字乔笙，安徽桐城人，博士。

1995年毕业于中国美术学院，同年进入中国美术学院与浙江日报社主办的《美术报》工作；2004年中国美术学院国画系山水专业研究生课程班结业；2008年中国美术学院博士研究生毕业。

曾任《美术报》副总编、浙江省美协主席团委员、杭州市美协副主席、浙江省中国画家协会主席团委员兼副秘书长、浙江画院特聘画师、杭州画院特聘画师、浙江省政协诗书画之友社副秘书长、西泠书画院特聘画师、

现为中国国家画院美术研究院研究员、艺术信息研究中心主任，中国画学会理事，文化部青联美术工作委员会副主任，《中国国家画廊》执行主编，《中国美术报》执行主编，《中国美术大事记》特约副主编，扬州大学艺术学院兼职硕士研究生导师。

系中国美术家协会会员、浙江省作家协会会员。

王平　林泉高致

王平　太湖石

王平　三颗草莓

王平　三柏图

王平　白马非马

王平 居者茶自

王平　一莲随摘

三平　烘豆诗事

卢禹舜之微博纪录

节选自：2012年8月1日～2012年8月31日

卢禹舜 新浪微博

http://weibo.com/yushunyishu

个人介绍

中国国家画院常务副院长、中国艺术研究院博士生导师、哈尔滨师范大学副校长、黑龙江省美术家协会名誉主席，教授

9月19日23：27

我在中国美术馆"八荒通神—新人文·卢禹舜画展"已经结束了，感谢所有关心支持我画展的亲朋好友及各位领导嘉宾，感谢为这次画展付出艰辛劳动的组委会全体人员！同时感谢一直关注我画展的微博朋友，恕我不能一一回复，在此一并致谢！这次展览作品将择时在哈尔滨展出。

9月17日13：10

2012年9月15日在中国美术馆我的个展现场，接受媒体采访。

9月16日10：32

中国国家画院教育培训中心2012开学典礼。

9月15日09：30

感谢文化部机关党委书记李洪峰先生（右二），中国美术馆副馆长马书林（右一）先生前来观展指导。

9月13日15：03

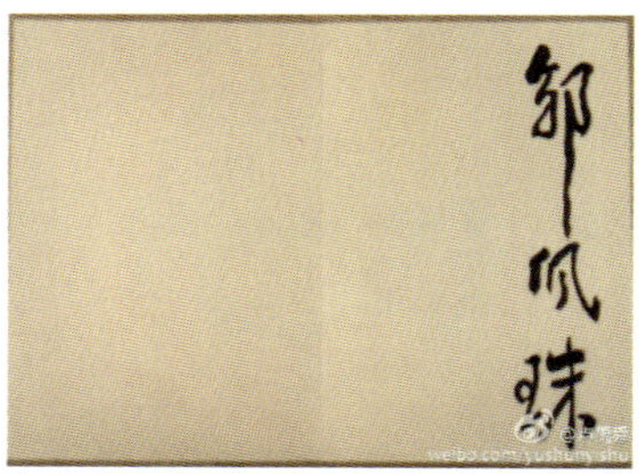

感谢尊敬的可染夫人邹佩珠女士第二次前来观展指导，语重心长地说："很高兴看到禹舜这么多精美的作品，画得很认真，很深入，难能可贵。可染的写生就是花了大力气的，每张画都深思熟虑，一丝不苟。这是一种对待艺术的精神和态度，禹舜做到了，不像有些画家潦潦草草，我很高兴。"

9月12日17：35

今天何家英兄前来捧场，感谢。

9月10日09：01

感谢支持！@达芬奇阳台-：八荒通神—新人文卢禹舜画展昨天上午在中国美术馆举行，出席嘉宾空前之多，但更加震撼的是晚上在北京饭店金色大厅举行的的"水墨禹舜"时装发布会，设计师卢禹君将卢禹舜的水墨作品通过时装赋予了新的生命与内涵，舞美、灯光、音乐与卢禹舜先生水墨艺术的完美结合把金色大厅变成了一个迷人的艺术世界。

9月10日23：10

伟大的母亲，祝您老人家81岁生日快乐，您是我永远的家园。

9月10日22：41

今天，卢禹舜师生画展在中国国家画院美术馆隆重举行，共展出中国艺术研究院博士，中国国家画院卢禹舜高研班画家学员，哈师大硕士博士等160余人的作品。

9月10日09：11

感谢支持#陈卓#中国美术馆#八荒通神·新人文——卢禹舜#好久没有看到这么精彩的绘画展了 大气、沉静、细腻、禅定、辉煌又富有艺术哲思！卢老师绘画中所驾驭和承载的精神话语在不同自我生态读解的语境中是不同的～真正的大师！@李桓师从此高师何幸，何福！加油！@水墨樵夫 @牙套小编

9月9日21：27

"水墨禹舜"时装发布会正在北京饭店金色大厅隆重举行。

9月9日18：51

感谢大家的褒扬与宝贵意见，将作为我以后创作的源泉与动力，我会继续努力，按照大家的期望去努力。非常感谢各位专家学者、各位朋友！

9月9日17：45

研讨会第二场，著名文化学者王鲁湘先生主持。著名美术评论家刘曦林先生发言。

9月9日15：53

有大家的奉献付出支持才有今天的展览，感谢一直以来关心支持爱护我的家人、前辈、领导、朋友们，谢谢您们。

9月9日14：57

西厅作品为五大风格之"彼岸理想"系列作品，始创于2002年。直接用色彩造型，尽力解放中国画的色彩，大量采用擦染与色彩推移技法，而墨线只是点缀。尽力把西方造型语言及色彩观念与中国笔墨相结合，把域外风光画得典雅精美。凭借欧洲风情创造世界精神，塑造心中的自然，哲学的自然。

9月9日14：51

东厅作品为五大风格之"精神家园"系列作品，始创于20年前的90年代初。它又包括"唐人诗意"、蔬果系列等作品。把山水、花鸟、人物融为一体，既有传统精神，又符合现代审美，笔墨清秀，设色典雅，优美抒情，轻松快乐，尽情地表现了高人雅士云水空灵，在人与自然的叙述中，也传达了永恒阔大的境界。

9月9日09：43

大厅为五大风格之"八荒通神"系列作品，始创于20年前的90年代初。没有熟悉的传统笔墨技法，也没有熟悉的江山烟云图式，它是这个时代的心声。"黑平满色"是其特色——用墨黑重，平面造型，构图饱满，色彩浓郁。它不是人间美景，而是宇宙洪荒，不带一粒俗事凡尘，只有阔大宏远与宁静纯净的崇高境界。

9月9日09：13

展览共5厅。前厅为"天地大美"系列作品，始创于2010年。这是"八荒通神"和"精神家园"两大风格相结合的图式，是宏观叙述与微观刻画相结合的崭新语言，是宇宙精神与人文精神相结合的完美境界。它从远古洪荒走来，拨动前世未萌的心弦，唱吟天籁之音，回荡在乡关梦园，诉说着山光皆世界，云水即菩提。

9月9日 14：47

廊厅作品为五大风格之"河山锦绣"系列作品，是国内写生作品，从1987年开始初具面目。这类作品多采用传统技法，力求笔迹灵动，墨色鲜活，塑造深入，迁想妙得。我经常带学生写生，面对崇山峻岭，深溪古桥，直接用色作画，酣畅淋漓，弟子们簇围而观，阳光和煦，枯树初萌，是故心手双畅，满纸春风。

9月7日10：07

为画展，研讨会，服装发布会准备发言稿。画展涉及的环节很多，尽量考虑到每一个细节。追求完美是一种境界，也永远是过程。

9月5日19：24

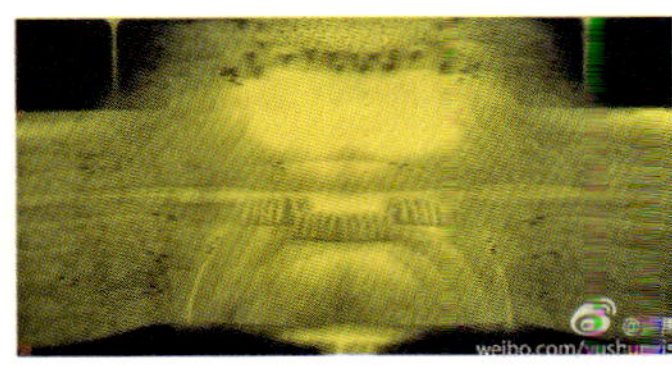

静观八荒系列3（176×96）

9月2日15：12

下午开我的个展筹备协调会

8月31日17：01

我的"八荒通神—新人文·卢禹舜画展"新闻发布会现场。 主办方之一艺文新童话传媒有限公司董事长，著名作家周艺文先生致辞。

8月29日22:02

今日看望作品装裱情况，装帧精美，装裱公司洪一轩辛苦了！

8月29日18:43

原创，不拘一格的图案、色彩，纯天然的轻柔材质，带给人轻松、舒适、自在、细腻、温柔的体贴

8月28日10:16

“八荒通神 新人文 卢禹舜”新闻发布会

8月28日10:21

“八荒通神—新人文·卢禹舜画展”将于2012年9月9日11点在中国美术馆举行！下午2点将于北京华侨大厦举行国际学术研讨会。晚8点20分将于北京饭店金色大厅举行“水墨禹舜”时装发布会。“八荒通神”特制酒与“八荒通神”养生茶也将推出。10日10点于中国国家画院美术馆举办“大道同行—卢禹舜师生展”

8月27日13:10

我的“八荒通神—新人文·卢禹舜画展”新闻发布会现场。画展组委会部分成员留影，大家很辛苦，感谢大家！

8月27日13:00

接受电视采访

8月27日10:06

女儿卢婕，在我的“八荒通神—新人文 · 卢禹舜画展”新闻发布会现场。

8月26日22:51

大家忙了半年多，书终于都已印完并寄到国家画院。人民美术出版社8册分卷本，1册综合本，荣宝斋3册本，总共12本书，印刷精美，装帧豪华，算是这些年的一个小总结。感谢大家的辛勤劳动，这是集体智慧和劳动的结晶。一切紧张有序，就等9月9日的个展，为十八大献礼，感谢大家的关心与支持，欢迎光临！

8月25日08:59

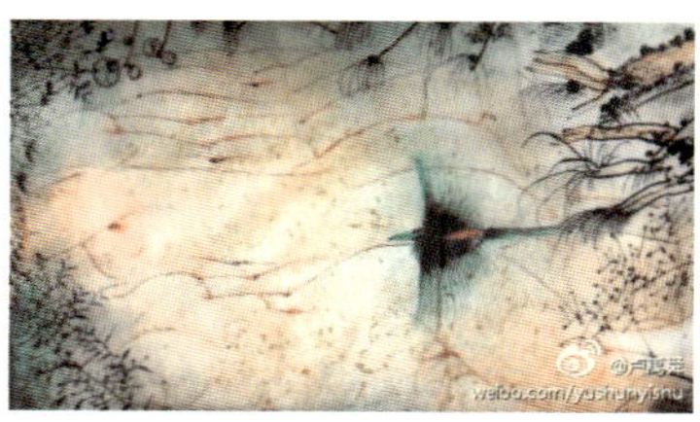

作品局部

8月24日16:35

我今天的新作《精神家园》系列作品。中国诗歌的精神，集中体现了中国传统艺术的古典精神，优美淡远，俊雅爽丽。我试图在山水作品中传达这种精美雅致。

8月23日16:50

自在坚守——刘勃舒何韵兰作品展

8月19日15:41

李可染画院成立大会

8月16日12:18

三亚2011写生10

8月16日12:11

三亚2011写生1

8月16日11:13

怀柔写生9

微博推荐关注

收藏年鉴
http://weibo.com/u/2634916492

北京保利拍卖
http://e.weibo.com/polyauction

中国国家画院范扬
http://weibo.com/u/1747664320

陈子工作室
http://weibo.com/chen[illegible]i689

中国国画作品图库
http://weibo.com/u/1625573287

美术报社
http://weibo.com/u/2344909147

王平乔笙
http://weibo.com/u/2763452763

罗寒蕾
http://weibo.com/u/1[illegible]6633[illegible]62[illegible]

Hi艺术
http://weibo.com/hiartcn

北京歌德拍卖
http://e.weibo.com/googut

一了
http://weibo.com/u/1271884434

画家霍春阳
http://weibo.com/u/[illegible]60626[illegible]75

顶层杂志
http://weibo.com/topfloor

北京荣宝拍卖
http://e.weibo.com/u/1912024371

北京大道堂陈仕彬
http://weibo.com/u/1505652910

刘墨2012
http://weibo.com/[illegible]

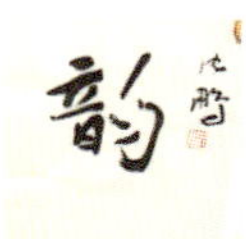

CCTV翰墨戏韵
http://weibo.com/u/2746372283

中国国家画廊
http://weibo.com/u/2801429115

韩美林
http://weibo.com/hanmeilin

张见ART
http://weibo.com/u/[illegible]40331[illegible]1

上海美术馆
http://weibo.com/shanghaiartmuseum

养墨堂美术馆
http://e.weibo.com/ymtart

艺术家石齐
http://weibo.com/u/2318116821

快意斋
http://weibo.com/u/1[illegible]53706[illegible]7

雅昌艺术网官方微博
http://e.weibo.com/yachangyishu

中国宋画
http://weibo.com/u/2095260912

国家画院贾广健
http://weibo.com/u/2525471470

崔自默
http://weibo.com/u/1[illegible]22719[illegible]

程风子微博
http://weibo.com/u/1309045492

杨春华
http://weibo.com/u/1898167343

陈履生
http://weibo.com/chenlvsheng

木木堂曾翔
http://weibo.com/mmtzx

刘秉江
http://weibo.com/u/2738787372

何水法
http://weibo.com/hsf48

高旭奇
http://weibo.com/u/1453747087

中国国家画院张江舟
http://weibo.com/zhangjiangzhounap

老九同志
http://weibo.com/laojiujiu

阿登一
http://weibo.com/u/2048609991

栖霞范银山
http://weibo.com/fysh79

李津的盛宴
http://weibo.com/u/1202896393

透明之鱼高茜
http://weibo.com/u/1934026800

卢禹舜
http://weibo.com/yushunyishu

林糊糊
http://weibo.com/u/1693500547

杜平让
http://weibo.com/dupingrang

朱大醉
http://weibo.com/zhudazui

范治斌
http://weibo.com/u/2030142707

周京新2012
http://weibo.com/u/2778685627

程昕东
http://weibo.com/chengxindong

兰堂王文英
http://weibo.com/lantangwangwenying

逸如斋主李晓君
http://weibo.com/u/2522879927

隋牟
http://weibo.com/u/1310258832

陈卉的尘
http://weibo.com/u/1050687300

吴悦石
http://weibo.com/wuyueshi

张伟摄影工坊
http://weibo.com/u/2501601853

刘野ART
http://weibo.com/u/2801928451

潘汶汛
http://weibo.com/panwenxun

曾来德
http://weibo.com/laide

圃生一L
http://weibo.com/u/2438734513

画家高云
http://weibo.com/u/2889565377

王晓波
http://weibo.com/wxbo

郭庆祥的批评
将让范曾名利双收

——当下艺术市场生态中的范郭官司之我见

撰文：王平

2010年10月，范曾通过北京昌平区法院提起诉讼，状告郭庆祥在上海《文汇报》上发表《艺术家还是要凭作品说话》一文严重侵犯其名誉权，造成了社会评价降低和精神损失，并为此索赔500万元。2011年6月，北京昌平区法院一审判决书下达，判决结果中要求郭庆祥向范曾书面道歉，并赔偿人民币7万元。判决书指出，郭文通篇对范曾的书、画、书法、作画方式及人格分别作出了贬损的评价，如“才能平平”“逞能”“炫才露己”“虚伪”等，造成其社会评价降低和精神痛苦，郭行为已构成对范曾名誉的侵害。判决一下，舆论哗然，有人直呼，中国文艺批评可以休矣；也有人认为，此判决让艺术和法律蒙羞；更多的人是同情郭庆祥，群起骂范曾。事情也过去了些日子了，议论也很多了，本文想换个角度，从当下艺术市场生态的角度来看这场官司。因为这件事情起因，是中国艺术市场的生态使然，整个事情更多地是因市场而起，因此这件事是艺术市场中的一件颇有意义的一个案例，值得我们关注和分析。

整个事情的起因和关键不是法院判决里的那些带有所谓“贬损”的评价，而是法庭判决书里没有提及的郭庆祥文章里的使用的一个词汇——“流水线作画”。“流水线作画”是最受大家关注的，也是大家认为对范曾先生最具杀伤力和冲击力的词汇。郭庆祥所批评的范曾“流水线作画”，有照为证，范曾先生也没有辩解没有此事，应该是确有其事。这就引出一个问题，范曾为什么要“流水线作画”？原因很简单，范曾的画供不应求，画家来不及慢慢画，只能选择这样的“流水线作画”方式，以期提高作画效率。而这种“多快好省”的作画方式，在满足市场日益增加的对范曾书画消费需要上显然发挥了作用。

郭庆祥披露范曾“流水线作画”的文章刊登在有影响的报纸上，这等于公开了范曾把“智力密集型”的艺术创作活动换成“劳动密集型”生产活动的行为。这不是一般的批评，这是釜底抽薪。因为当社会认同这个事实，可能毁掉的不仅仅是范曾的艺术名声，甚至会让他丧失作为一个艺术家的资格。这显然让范曾压力很大，范曾也显然急了。或许，范曾先生担心郭庆祥的文章会让自己的名望、地位、画价等等一落千丈。是一时之气，还是受了担心范曾市场崩盘的画廊老板的蛊惑也未可知，范曾先生坐忍不住，选择了法律作为武器来回击，于是他递上一纸诉状。范曾先生也曾犹豫动摇过，所以，作为原告的他竟主动要求调解，偏偏郭庆祥犯倔，官司就打定了。

官司一打，范曾先生如愿赢了官司（二审还未可知），但名声显然是输了。而且，还引出人们找出范曾先生攻击沈从文、吴冠中、黄永玉的文字，像把黄永玉先生比作欲壑难填、贪得无厌的？“刻薄寡恩”“灵魂丑陋”；又如说“有以为笔墨等于零者，其用笔之浮躁如春蚓之行于草，秋蛇之绾于树，鄙陋浅薄”，矛头直指吴冠中先生；还有让沈从文先生“感到非常痛苦”的范曾揭发大字报，等等。这些比之郭庆祥先生的“才能平平”“逞能”等，可谓有过之而无不及。让人感觉，应该被审判的是范曾先生自己而不是郭庆祥。范曾先生此间所承载的来自四面八方的压力肯定比郭庆祥文章给他的压力还要大，而且大很多。

如果范曾先生当初注意到陈传席老师曾经就当下美术现状说过的一句话“批评就是宣传”，或许范曾先生当初就不会负气告状；如果现在范曾先生深刻体悟这句话，如今也大可以宽心消气，甚至偷着乐了。“批评就是宣传”，在当下整个文艺圈都是通行的。几年前，许宏泉曾说过一段子，说有个画家朋友埋怨许宏泉“你老骂别人，把他们骂红了，人家还不领你情，你什么时候也来骂骂我，好歹我们是兄弟呀，你让我也扬扬名，文章润笔我会照给你的。”这位画家我认识，范曾先生也认识，这位画家是开玩笑，但他说的何尝不是当前艺术市场的“潜规则”呢？还有实例顺便说一下，三五年前，我有位熟悉的画家遭到批评家陈履生的批评，当时该画家很委屈，也压力很大，怕影响自己的市场，问我怎么办才好，要不要组织文章反攻，或讨个说法。我当时就宽慰他，你是名人，应该有雅量接受批评，被一个名评论家批评，证明你有被批评的价值呀，说明你是名家呀，读者的潜意识也会建立这样的识别逻辑的。而且批评会让你知名度更大，一二年后，你被批评的具体情况大家不甚了了，但你反复被提起的名字却被人牢牢记住了，从长远看，是对你的市场有帮助的。果然，该画家的知名度更大，画的市场也不仅没有受影响，反而更好了。

回头来说范郭，郭庆祥披露范曾创作状况虽然是杀伤力，但某种程度来说，只是刺痛了画家自己的内心。因为范曾毕竟是个艺术家，成就或许离他所说的“坐四望五”的境界还很远，但应该还是不错的艺术家。在学历史出身背景的人当中，他的画应该是算好的；在画家当中，他的文章也肯定算好的。他的豪言比之古代的狂士，不算离经叛道。因为范曾是个艺术家，“流水线作画”肯定是他的隐痛，只是他作为一个艺术市场的宠儿，过多地把道德的天平倾斜到艺术市场那里了。他是没有尊重艺术，但他尊重了市场。他虽然复制自己，但这样做显然符合市场需要的保真原则。即便他的画供不应求，他也没有成立一个范曾工作室这样的形式找学生或代笔帮着画，而是选择了辛苦地重复自己。我想对一个从事艺术的人来说，重复肯定是痛苦的，如果说是没有钱，为生活所逼，无奈选此下策，情有可原，但范曾先生不缺钱，为什么他还能如此坚强地面对这样的痛苦呢?因为他太把市场当回事，甚至把市场的认可当做对自己艺术成就评价的度量衡了。

身处市场调配资源这样一个当下现实环境，郭庆祥的文章不但不可能让范曾失去做艺术家的资格，反而会宣传了范曾。甚至郭文不点名的批评，却又能让大家猜出个八九不离十，这种神秘感让郭文变成流言，更能放大传播的力度和广度。范曾先生不花钱就能获这么好的宣传效果，其实是应该付给郭庆祥先生一点宣传费的。如果范曾先生风雅一点，不妨送上一笔润笔费，一笑泯恩仇，这也不失为艺坛佳话。范曾是善于宣传和跟媒体互动的人，但这次的表现露出他的胆怯来，气魄还不够大。但他这个胆小的人因为胆小却无意干出了更大的事情——状告郭庆祥名誉侵权。从长远来看，范曾先生选择打官司，还是值当的。名誉官司带来的困难是暂时的，由于市场有一双无形的手规范着艺术市场里的买家和卖家。作为卖家的范曾的行为暗合了市场的游戏规则，市场会更加宠信他的。或许，在人们怀疑范曾的市场会不会崩盘的时候，更大的市场资本已经循名而来，涌向范曾。如果郭范是联手唱双簧，演绎了这场好戏，那绝对是中国艺术市场中一次成功炒作的妙笔。可惜，二人不是联手，而是交恶。

我个人预测，范曾此间承受的压力都将替换成广告费成本加在范曾先生未来的画价中，其画大涨特涨将成定势。从这点来说，范曾不仅赢了官司，还赢了未来的市场。难道真的会这样？当然会是这样。艺术市场的游戏规则是循名，范曾越有名，他的画越好卖。用现代眼光来看，“名头”的本质是注意力经济。以往那种“酒香不怕巷子深”的思维显然不符合现实需要，现在是信息爆炸时代，不仅要吆喝，还要变着花样吆喝，美术界乃至整个文艺界基本上是怎样能扬名就怎样办，也不用管这名是好是歹。不信，你想想，每次有新的电影或电视剧播映之前，一般肯定先有导演或主演的绯闻之类炒作，赚大家的眼球，掏大家的钱袋。市场认“名”，有名就有商业价值，无名就一文不值。于是“芙蓉姐姐”“凤姐”卖丑博名，竟能风光过市。又如，“艳照门”事件后，有违公众基本道德要求的陈冠希惶惶然声明退出娱乐界，没曾想，如今他又大模大样地杀回来了。这背后的推手都是市场“潜规则”，而他们闯荡市场靠的是“名”。

“名”有“实名”和“虚名”。一个画家要想有名，要么有真功夫，画得好，能够自成一家，那当然实至名归，名气一般水到渠成，名家就是真名家；但一个人要在艺术上自成一家太难了，于是，不少人人只好在“名”上花心思，“八仙过海，各显神通”，就是为了混个虚名，好用来忽悠众生。毕竟附庸风雅的多，懂书画的人少。收藏圈有一句话说得好，就是“有眼无钱，有钱无眼”这句。意思是，懂书画的，往往有眼力没钞票；有实力掏钱买画，往往没有鉴赏的眼力。象马未都、陆镜清这样有钱有眼的藏家在收藏圈可谓是凤毛麟角。其实这些很正常，毕竟术业有专攻，怎能要求一个人样样精通呢。“无眼”没关系，可以用嘴问呀，俗话说得好，“路在嘴边”；人家说了，用耳朵听，更用心“听”，“听”到入心了，才下单买，好像道理没问题。买画靠“听”而不是靠“看”似乎也是中国艺术市场里的一个传统。当年扬州盐商靠听买画，买出了“扬州八怪”。商人听人说郑板桥竹画得好，就约好似的，全盯着要买竹，本来，郑板桥也会画其他题材，但现在传世最多的可能就是竹了。这样靠听买画使得“扬州八怪”基本上都成了“单打选手”画家。还有“家家黄大痴，村村倪元林”，甚至以有无“倪、黄”之画定雅俗，这都是靠听买画的结果。现在依然这样，前几年，山东人买画，就是听名头定价格，中国美协会员一个价，中国美协理事一个价，中国美协副主席一个价，主席价最高。大家觉得这是笑话，但这背后是商人的精明，对于书画这个很难让他们搞懂的行业而言，这能保证他们能有个基本层面的保障，“听”名头给钱是他们行走艺术市场一把不错的“拐杖”。本来，范曾的名头就不小，是美术界为数不多的由业内名家成功转型为社会名流的画家，如今，范曾的名头将更大，他的画怎能不热卖？画价怎能不涨？当然，范曾先生如果珍惜自己的艺术羽毛，那就要重新树立对艺术的敬畏之心，不能被市场蒙住了眼睛，市场中的价格不能代表艺术的价值，黄宾虹的价格卖不过同时代的很多山水画家，但美术史选择的只能是黄宾虹。如果真有“坐四望五”的艺术目标，那不要以量胜，而要选择以质胜，画家最后真的是靠作品说话的。如果此事能让范曾先生艺术获得新生，则郭庆祥的文章真的发挥了批评的功效。

写到这里，我还是有点担心已经深陷艺术市场漩涡中的范曾能否拔身上岸？如果不能，我反而替郭庆祥先生可惜，你不好好当你的“画贩子”，却要跳出来替艺术真理代言，替艺术市场“除草”，却不料适得其反，不仅没有达到预期效果，反而以自己的笔为范曾扬了名，还要倒贴7万元“润笔费”，真是猪八戒照镜子——内外不是人。一个卖画的人不懂当下艺术市场的思维方式，这是不应该的。当然作为熟人，我也希望老郭不要上火，经此官司，你已经成为当之无愧的知名批评家了。你创造的“流水线作画”这个词将成为中国美术批评的重要词汇，你披露“流水线作画”现象这件事也成为中国美术界的重要事件。说不定，花钱请你批评的人要排队也未可知。

保利：推出李可染王级作品《万山红遍》

李可染《万山红遍》
成交价：2.93亿元人民币
镜心 设色纸本
1964年
131cm×84cm
钤印：可染

题识：

万山红遍，层林尽染。一九六四年秋九月
写毛主席词意于北京西山。可染。

出版：

1. 《世纪可染·纪念李可染诞辰100周年作品集》，第170—171页，吉林美术出版社，2007年10月。
2. 《中国国家博物馆20世纪中国美术名家系列丛书—·李可染的艺术》，第123页，吕章申主编，时代出版传媒股份有限公司，安徽美术出版社，2011年3月。
3. 《名家翰墨(26)—李可染山水画特集》P47—67，许礼平编，香港翰墨轩出版有限公司，1992年。
4. 《李可染的世界》P155，万青力著，台北羲之堂文化出版事业有限公司，2000年。
5. 《中国收藏》（李可染到底创作了几幅《万山红遍》）P14—17，刘文杰著，中国商报社主办，2001年2月。

展览：

1. 《李可染艺术世纪展》，台北国立历史博物馆，2000年11月3日—12月5日；高雄市立美术馆，2000年12月15日—2001年3月8日。
2. "中国国家博物馆新馆落成展暨20世纪中国美术名家系列展之李可染艺术展"，2011年3—7月。

李可染是20世纪"金石派"的重要山水画大师，一生致力于"为祖国山河立传"，其作品历来是艺术市场上的焦点，更是广大藏家竞相追捧的对象。六十年代开始，李可染自言进入了"采一炼十"的过程，他从大自然中采集素材，再将它们提炼并表现在皴法、光影、构图和意境之上，创造出一套崭新的艺术语言。此次时隔五年之后，再度现身拍场的《万山红遍》的创作，正是李可染在衔接传统与大自然之源后，又以乾嘉之后兴起的金石画风，与他在大自然中的最新发现联系在一起，铸造出独树一帜的"李家山水"，攀登艺术高峰的最佳佐证；也是"可贵者胆""陈言务去"的最佳实践。该作将再度成为众人关注的焦点，相信其定能成为保利春拍中的抢眼好戏。

据著名鉴藏家刘文杰先生考证，李可染于"1962年至1964年间共创作了七幅《万山红遍》题材的作品，该题材作品也是李可染山水的成名之作。其中较大的有三幅，一幅现藏于北京画院；一幅乃应荣宝斋之邀，为建国十五周年大庆所作，现藏于荣宝斋；第三幅就是此作。据信，李可染在这一期间偶得故宫府朱砂半斤，用半斤朱砂创作了四幅《万山红遍》，而此幅作于1964年的《万山红遍》，是其中尺幅最大用工最精的作品。

画上题曰"万山红遍，层林尽染，一九六四年秋九月写毛主席词意于北京西山，可染。"此作乃取毛泽东创作于1925年，发表于1957年的《沁园春·长沙》中的两句为情境——"万山红遍，层林尽染"。

据查，艺术市场上《万山红遍》题材的出现有着一定的巧合，第一幅作于1962年的《万山红遍》是中国嘉德1999秋拍，此时的艺术市场刚刚经历过亚洲金融危机的冲击，极其疲软，改作以90万元起拍，最终以407万成交，为低迷的艺术市场注入了一股暖流。另一幅为2000年秋季荣宝拍卖推出的尺寸较小的《万山红遍》（1964年作，75.5cm×46cm），虽然此时的经济危机余波未平，但此作经过多轮竞价，最终以惊人的501.6万成交，在此之后，艺术市场迅速复兴，迎来了艺术品拍卖界的另一春天。此次保利拍卖推出的《万山红遍》尺幅巨大，是市场上流通的最大的这一题材作品，极为难得。

这幅作品境界较大，可以看到远景崇山峻岭；1962年一幅构图饱满，以红叶密布前景为主。这幅作品画山间瀑布，溪水奔流；1962年一幅画小河弯曲，汇成水塘。本图朱砂点叶的面积较小，但与朱膘、赭石色呼应，红色调中见冷暖对比，层次丰富。1962年一幅，以朱砂色为主，画面浓艳强烈。

由此可见，同是一个题材，可染师每次画都有不同，因此，每一幅画都是一次再创作。《万山红遍》可染师曾反复画过多次，画面基本格局相同，通幅用大面积的朱砂点染，在色彩表现上是他作品中少见的辉煌灿烂之作。构图博大雄浑，有着纪念碑的份量。可染师60年代前期多数作品还是水晕墨章，像《万山红遍》这样的重彩形式是不多见的。

上文摘自《李可染的世界》2000年第一版，p154

李可染　万山红遍　131cm×84cm　纸本设色　1964年

从『大历史』看中国艺术市场

撰文：刘墨

中国的艺术市场已经逐步形成，而且到了相当红火的阶段。于是，有人说中国的艺术市场已经到了顶点；有人说中国的艺术市场充满了泡沫；有人说中国的艺术市场还没有开始……各种观点掺杂在一起，各有道理，又都不尽然。

为什么这么说呢？或者说，我对于艺术市场的观点是怎样的？我的观点是，现今的中国艺术市场，只是正式起步阶段而已。在这个起步阶段，难免有各种不尽如人意之处，但这并不妨碍中国艺术会向前发展，而且会向一个更加良好的方向发展。我所以可以这样肯定地提出自己的观点，是因为我乃是从"大历史"的观点来看中国艺术市场的。

"大历史"这一概念已经不是一个陌生的概念，它的倡导者黄仁宇的著作，也超出了历史学的领域，进入众多读者的视野。为什么称为"大历史"？用黄仁宇的话说就是："将宏观及放宽视野这一观念引入到中国历史研究里去。"

"大历史"强调从较长的时段来观察历史，注重历史的结构性变动和长期发展趋势。比如他的《赫逊河畔谈中国历史》这一通俗读物，倒读过去，把和明天一脉相承的昨天展现出来，真有前后贯通之快感。

历史很复杂，但是黄仁宇的治史方法并不复杂，他只是在观察中国历史的过程中，发现了"从技术的角度看历史，而不是从道德的角度检讨历史"可以更有效地解决一些历史问题。因为这一点，迥异于以儒家传统为中心的正史观。

"技术的角度"，指的是一个社会"在数目字上的管理"能力，这一能力即是以"商业为主体的管制方式"替代"农业作基础的管制方式"的程度。在数目字上管理的先决条件，是"使全部经济因素概能公平而自由地交换"，"全民概归金融及财政操纵，政府在编制预算、管理货币、厘定税则、颁发津贴、保障私人财产权利时，即已普遍地执行其任务，而用不着张三挨打，李四坐牢"。

许多人对这一角度不持认同态度，这并不奇怪，因为任何概括都有简化历史之嫌。不过，看他背后的学理，却是深有道理，至少在我个人看来，他的这一解释历史的角度，可以帮助我们理解许多问题，因而显得益人神智。

进一步而言，"技术的角度"也就是从"全部经济因素"的角度探讨问题。他关心的问题实际上也是西方汉学家关心的问题，即回答和分析为什么西方式的现代型的经济体制不能从中国传统社会的架构中脱胎出来。他所以非常有信心地从"在数目字上的管理"能力来统观中国历史，是因为他深入考察了中外历史上以现代商业组织代替传统的农业组织其具体过程究竟是怎么回事。

在黄仁宇的"大历史"范畴内，分析因果关系及其历史的合理性是主要的，对其他细端末节并不过分重视，甚至每个历史人物的贤愚得失都认作次要。他解释说："纵使事实之衍化对我们个人不能如意，或者在短时看来为荒谬不合理，可是把这些情事前后连贯，又从超过人身经验的角度看去，则它们有其意义；最低限度，这些事迹使我们知道我们生命旅途之原委。"尤其对于学习历史的人来说，重要的并不是历史应当或不应当如何展开，因为它一经展开就具有客观性和不可逆转性，无须人们从主观上加以想象或构造，人们应当思考的问题是历史何以如是展开。

现在，我们可以回到要谈的另一个问题：如何看待中国的艺术市场。我的意见是，不妨从"大历史"的角度来看一下，然后再认定它的未来走向。

看待中国的艺术市场，也要先有全球化的眼光。

艺术品是一种特殊的"商品"，既然是"商品"，就要看"价格"，虽然仅仅以成交价格来评判艺术品，似乎并不符合于艺术本身的价值。但是我们必须考虑到，艺术品无疑是商品世界中最为耀眼的宝物之一，大收藏家在购买艺术品时，除了满足自己的收藏热情之外，也往往是为了声望、地位、自我或者财富。

近些年来，纽约大学商学院教授迈克尔·莫西斯和梅建平，收集了大量的艺术品交易数据并编制了"梅–莫"艺术品指数。该指数追踪佳士得和索斯比拍卖会交易的成熟艺术家的作品，用同一作品在不同时期的成交数据来计算回报率。两位教授大概收集了9000组重复交易的艺术品，而且每6个月再增加300～400组，从而编制出了一个比较符合客观事实的生长指数。他们的结论是，近50年来，以标准普尔500指数为例的股票年回报率是10.9%，艺术品指数的年回报率为10.5%。1985年到1990年，"梅–莫"艺术指数的年回报率高达30%。

莫西斯还发现，艺术品与股票市场的表现相关性很低，因此，面对低迷的股市，大笔资金就会转入艺术品市场，因为除了对艺术的爱好之外，它还是多样化投资的最佳选择之一。

在2001年至2005期间，艺术品的升值率远远超过股票，因此艺术品与股票一样，吸引投资者的注意力转向新领域。事实也确实如此。1990年，日本富商斋藤了英以8250万美元的高价购入梵高的作品《加歇医生的肖像》，令印象派画作的价位达到最高点。而如今，毕加索的《Garcon a la Pipe》一画已经在苏富比拍卖创下1.42亿的天价，这个天价在若干年后，还有升值的空间。

有个海外藏家说："我从来不信仰上帝，但是我的确信仰毕加索！"他这么说也许并不是因为他非常了解毕加索的艺术，而是因为大师的作品所具备的艺术本身多少是因为作品金字塔尖的价位。当人们看到那个《拿烟斗的男孩》时，赞叹的都是"哎呀，这幅画可是价值1亿美金啊！"

对于当下的中国艺术品市场来说，所以显得非常热火，也是随着一组组的天价数字引燃的，多数的媒体也热衷于对艺术品天价的津津乐道。陆俨少的《杜甫诗意册》、李可染的《万山红遍》，都最为集中地吸引了人们的目光，同时也将这些画家的其他作品价格拉高。与此同步的现象是，大众意识到艺术的重要性更多也是因为艺术的价格，而不是艺术在人类生活中的重要性。观众喜欢听到噱头，媒体关注新闻轰动效应，有关天价的光环形成一种最能吸引以及制约观众解读艺术品的焦点。

如果我们把中国艺术市场从1990年初期开始算起现今的整个艺术市场无疑是处在一个快速的发展过程中，虽然不少人们对于艺术品的拍卖的真实性持怀疑态度，同时也对艺术品价格的"泡沫现象"有足够的警惕了，但仍然吸引了不少企业或个人转入这一投资领域。而更多的收藏家、艺术家、中介商、博览会和更多的宣传，反过来又都对价位起到了推波助澜的作用。

不必精确统计，中国艺术品的收藏人数的确在剧增，一些生意做得不错的人一方面愿意结交艺术界人士以示高雅，一方面也为了分散在股票以及房地产方面的投资风险而把注意力转到艺术市场。他们也在试探文化门道，这些荷包鼓鼓的藏家并不仅仅是出于随波逐流，而是相当认真，因为他们可能不懂艺术，但他们对"商机"却格外敏感，因此既留心也找有关专家咨询。当然，他们关心的问题也是普遍的：花了大笔资金收到手的艺术品，会像期望的一样升值吗？

行家在欣赏和感悟艺术品的魅力的时候，会把价格放在一边，以免因为价格将人引入歧途，而非艺术工作者却不是，他们是因为价格才会对艺术更有兴趣。在这种状况下，作品价格即是艺术价值。由此来说，生在这个时代的艺术家是幸运的，因为这是一个价值能被迅速认同的时代，而且这种价值认同，都能以价格来加以衡量，这意味着，我们已经处在一个高度资本化的时代。在这个时代里，所有物品都可在一定条件下自由兑换和自由流通。历史上所有的存留物以及当代生产出来的产品，都可以被重新评估定价。

在这种资本化潮流中，艺术品的出售与收藏虽然只能算是支流，但艺术市场目前正在处于被资本同化的过程中，而且这一过程不可逆转。

现状的中国艺术品市场，亦是一个历史产物，这个历史就是，经过两千年的努力，中国终于完成了从农业国家的蜕变，步入一个商业社会。在这个商业社会里，

中国艺术拍卖总额市场趋势表

以半年为期限分布（2000年到2011年）

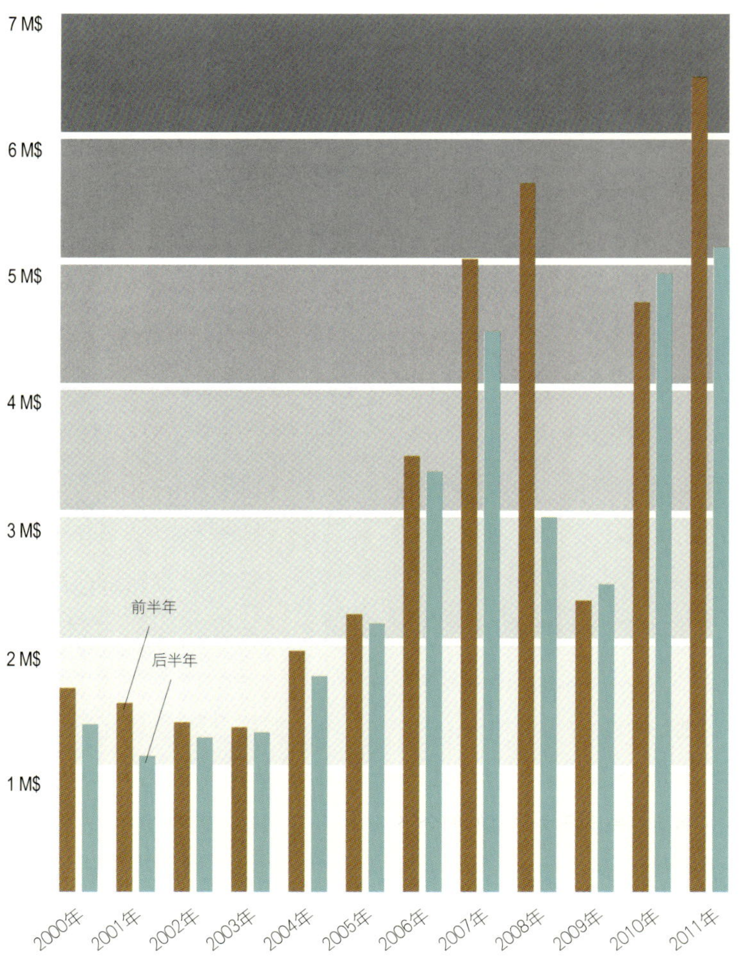

也就是黄仁宇所说的“数目字管理”社会，现代商业组织已经打破了各种人士例如艺术家、知识分子和商贾富豪的界限，一以效率为考察基准。而重要的在于，现代市场经济所需要的一些法律条款已经逐步颁布，就像“加速器”一样，这些法律条款会促进市场经济更为健康的发展。艺术市场同样也会得益于此。

艺术市场既然是一个投资领域，当然就存在风险，虽然当代艺术的作品让某些投资者在近几年中得到不错的获利。但是，同股市一样，艺术品市场也会阶段性地失去理性。人们对于当前艺术市场的诟病，也同股市一样，在于怀疑它的泡沫性。但比股市多的一层担忧则是艺术品的粗制滥造。

这是两个比较突出的问题。

这两个问题既有区别，同时也密切相关。

中国艺术市场现今的成交价格，是泡沫还是仍然未达到它的价位？从“大历史”的角度看，它暂时是泡沫，但未来却不是，好的中国艺术品，无论是古人的还是今人的，都远未达到它应该的价位。一幅好的宋代绘画，怎么也不该低于美国20世纪50年代以后创作出来的作品；而当代的黄宾虹或齐白石，也不该与毕加索在价位上相差竟有天壤之别！中国的资本积累刚刚开始，中国的物权法刚刚开始，当二者成熟之际，也是艺术市场真正繁荣之时！

市场当然会长远而深刻地影响到艺术家的创作，因为真正能够为艺术而守住清贫的艺术家越来越少了。在先解决生存问题的前提下，从事艺术创作的人必须改变自己以适应市场。而当市场明星们在市场红火后，就不得不在重复自己的图像符号上下功夫，他们不断地复制自己，在是否变换风格这一问题上犹豫不决，甚至不敢越雷池一步。对于非市场主流的艺术家，热销的画风会成为众多人模仿的样本，他们的艺术生命和创造力，不得不受制于市场的影响。而就购买者来说，他们希望获得的是艺术家的经典性作品而不是泛泛之作。他们会经常抱怨艺术家只为金钱创作而不是为了艺术。

有这种现象，并不能把责任全部推到艺术创作者那里。从投资的角度来说，投资者首先关心的是艺术品的价位及其运作方式，而不是艺术家的技法和创意本身，面对这些问题，他们会提醒艺术家去注意作品与商业的关系，所以投资者关心的与其说是艺术，不如说是它的价格的高低沉浮。

对于购买者而言，关注价格而不忽略艺术本身的魅力和价值，当然是两全其美，但这种状态却似乎只是一个理想而已。只有真正涉猎艺术多年的经营者，才能既把现实作品换算成数字，又就艺术自身具有的审美性质而做进一步的价值认同、体悟。

从这个角度上来说，价格和价值并不是一个概念。

一个好的艺术家必然要在未来的艺术市场中获得好的效益，或者说一个艺术家是否具有竞争力，还取决于艺术家所处城市的文化产业是否繁荣。从伦敦、纽约、东京等成功艺术家的范例来看，艺术家的作品价位与所在城市的文化产业的发展水平共生共荣。事实上，主要依托于大城市背景的艺术市场的迅速发展，也反映了城市经济社会的一系列变化。这些变化表现在都市人流、资金流、物流和信息流的运转效率，例如北京的艺术市场可能在局部问题上并不如某些地方区域，但是北京优越的人才优势以及文化机构、文化社团、文化层面诸方面多元互补的客观现实，使身居北京的艺术家在艺术品的价值和价格方面占尽天时地利，只要他们能够把握艺术创作规律，同时也符合市场规律，属于时代的大师就会应运而生。

以“天地不为尧舜而存，也不因桀纣而亡”的客观态度放宽历史的视界，探寻事件的前因后果，正是黄仁宇“大历史”所提倡的学习方法。我们如果也能以这样的眼光来看中国的艺术市场，或许会获得另外一种感悟。

中国的艺术市场，不过是刚刚开始，而且会走得更远！

"春蕴京华"京派画家花鸟画精品展
展览城市：北京 – 北京
展览时间：2012–01–11～2012–02–13
展览地点：北京画院美术馆

邓拓捐赠中国古代绘画珍品特展
展览城市：北京 – 北京
展览时间：2012–01–17～2012–04–10
展览地点：中国美术馆

"云烟纵览"周怀民绘画精品回顾展
展览城市：北京 – 北京
展览时间：2012–02–29～2012–03–19
展览地点：北京画院美术馆

《木棉 – 岭南风骨》——陈永锵专题作品展
展览城市：北京 – 北京
展览时间：2012–03–03～2012–03–11
展览地点：中国美术馆

王憨山艺术展
展览城市：北京 – 北京
展览时间：2012–03–16～2012–03–29
展览地点：中国美术馆

"画苑千秋人"朱屺瞻艺术回顾展
展览城市：北京 – 北京
展览时间：2012–03–23～2012–04–11
展览地点：北京画院美术馆

杨一墨艺术作品展
展览城市：北京 – 北京
展览时间：2012–04–03～2012–04–15
展览地点：中国美术馆

翰坊雅集"一世兰"联展
展览城市：北京 – 北京
展览时间：2012–04–07～2012–04–14
展览地点：翰坊会所

"天山魂"哈孜·艾买提美术作品展
展览城市：北京 – 北京
展览时间：2012–04–07～2012–04–15
展览地点：中国美术馆

"知白守黑–如莲化境"刘知白水墨艺术展
展览城市：北京 – 北京
展览时间：2012–04–07～2012–05–07
展览地点：太和艺术空间

艺海 文怀沙、范曾、崔自默、左晋作品收藏展
展览城市：北京 – 北京
展览时间：2012–04–10～2012–05–10
展览地点：财智邦国际艺术会馆

"明月清风"中国美术馆藏邓拓捐赠中国古代绘画精选
展览城市：北京 – 北京
展览时间：2012–04–15～2012–05–23
展览地点：中国美术馆

"吞吐大荒"许钦松山水画展
展览城市：北京 – 北京
展览时间：2012–04–17～2012–04–24
展览地点：中国美术馆

"笔墨尘缘"冯远绘画作品展
展览城市：北京 – 北京
展览时间：2012–04–26～2012–05–06
展览地点：中国美术馆

北京匡时"过云楼"藏书特展
展览城市：北京 – 北京
展览时间：2012–04–26～2012–04–28
展览地点：中国国家图书馆古籍馆

"春天雅集"第一回
展览城市：北京 – 北京
展览时间：2012–04–29～2012–05–20
展览地点：宋庄国画院

"春润京华"—马海方古都风情人物画展
展览城市：北京 – 北京
展览时间：2012–05–01～2012–05–07
展览地点：荣宝斋精品画廊

冯其庸九十诗·书·画展
展览城市：北京 – 北京
展览时间：2012–05–08～2012–05–15
展览地点：中国美术馆

"诗心化境"宋惠民油画作品展
展览城市：北京 – 北京
展览时间：2012–05–08～2012–05–15
展览地点：中国美术馆

刘曦林艺术印记
展览城市：北京 – 北京
展览时间：2012–05–12～2012–05–20
展览地点：中国美术馆

"三百石印富翁"齐白石的金石心迹
展览城市：北京 – 北京
展览时间：2012–05–15～2012–10–30
展览地点：北京画院美术馆

"丹青京华 20世纪北京中国画坛"北京画院藏品展
展览城市：北京 – 北京
展览时间：2012–05–15～2012–06–04
展览地点：北京画院美术馆

北京明清文物精品展
展览城市：北京 – 北京
展览时间：2012–05–18～2012–12–31
展览地点：首都博物馆

十八十九世纪欧洲古典油画精品展
展览城市：北京 – 北京
展览时间：2012–05–19～2012–06–10
展览地点：世纪翰墨画廊

"世纪文化与百年艺术人生"晏济元诞辰110周年书画作品展
展览城市：北京 – 北京
展览时间：2012–05–27～2012–05–31
展览地点：全国政协礼堂

大道无垠——谢志高画展
展览城市：北京 – 北京
展览时间：2012–06–05～2012–06–13
展览地点：中国美术馆

人间瓷画——2012中国当代陶瓷绘画艺术展
展览城市：北京 – 北京
展览时间：2012–06–06～2012–06–12
展览地点：中国美术馆

崔如琢国画作品捐赠中国国家博物馆
展览城市：北京 – 北京
展览时间：2012–06–09～2012–07–29

展览地点：中国国家博物馆

崔如琢藏“石涛罗汉百开册页”展

展览城市：北京 — 北京

展览时间：2012-06-09～2012-06-20

展览地点：中国国家博物馆

文治风华：宋文治绘画艺术回顾展

展览城市：北京 — 北京

展览时间：2012-06-13～2012-06-26

展览地点：北京画院美术馆

“为有源头活水来”黄胄写生创作对比展

展览城市：北京 — 北京

展览时间：2012-06-19～2012-07-19

展览地点：炎黄艺术馆

“笔蕴心源”龙瑞、于水、陈风新、刘罡作品联展

展览城市：北京 — 北京

展览时间：2012-06-21～2012-07-01

展览地点：绥风艺术馆

“金水长德”2012中国工笔画名家十人作品展

展览城市：北京 — 北京

展览时间：2012-06-30～2012-07-08

展览地点：中国美术馆

再创唐风—唐勇力中国画作品展

展览城市：北京 — 北京

展览时间：2012-06-30～2012-07-09

展览地点：中国美术馆

“概念超越”2012年新工笔文献展

展览城市：北京 — 北京

展览时间：2012-07-11～2012-07-20

展览地点：中国美术馆

“水墨家园”-李小可作品展

展览城市：北京 — 北京

展览时间：2012-07-11～2012-07-20

展览地点：中国美术馆

"纸上方式"567当代水墨展将在北京画院展出

展览城市：北京 — 北京

展览时间：2012-07-13～2012-07-18

展览地点：北京画院美术馆

“道以有道”-解意南海岩书法展

展览城市：北京 — 北京

展览时间：2012-07-15～2012-08-05

展览地点：艺术公社画院

纪念中国人民解放军建军85周年全国美术作品展暨第十二届全军美术作品展

展览城市：北京 — 北京

展览时间：2012-07-24～2012-08-08

展览地点：中国美术馆

“启功遗墨”纪念启功先生百年诞辰

展览城市：北京 — 北京

展览时间：2012-07-26～2012-08-04

展览地点：中国国家博物馆

“尽形得势”周逢俊山水 花鸟作品展

展览城市：北京 — 北京

展览时间：2012-08-12～2012-08-18

展览地点：视觉经典美术馆

老舍胡 青伉俪暨馆藏名人书画展

展览城市：北京 — 北京

展览时间：2012-08-17～2012-09-02

展览地点：首都博物馆

“大写神州”崔如琢艺术展

展览城市：北京 — 北京

展览时间：2012-08-18～2012-08-31

展览地点：歌华大厦

展览地点：中国美术馆

“人文·北京”中国山水画邀请展

展览城市：北京 — 北京

展览时间：2012-08-29～2012-09-03

展览地点：中国美术馆

刘国辉画展

展览城市：北京 — 北京

展览时间：2012-08-31～2012-09-07

展览地点：中国美术馆

八荒通神——新人文·卢禹舜

展览城市：北京 — 北京

展览时间：2012-09-09～2012-09-15

展览地点：中国美术馆

水穷云起——杜大恺艺术作品展

展览城市：北京 — 北京

展览时间：2012-09-16～2012-09-2

展览地点：中国美术馆

“墨道同行”同学六人作品展

展览城市：北京 — 北京

展览时间：2012-09-19～2012-10-1

展览地点：北京恭王府

中国女画家成立大会

展览城市：北京 — 北京

展览时间：2012-09-22

展览地点：京西宾馆

墨韵江南风
——浙江海宁中青年画展

展览城市：北京 — 北京

展览时间：2012-10-10～2012-10-1

展览地点：中国国家画院

贾又福先生作品观摩

展览城市：北京 — 北京

展览时间：2012-10-21～2012-11-1

展览地点：明怀美术馆

“水流花开”茹峰、赵跃鹏联展

展览城市：北京 — 北京

展览时间：2012-10-23～2012-10-3

展览地点：北京大学百年纪念讲堂

“拈花”陈绶祥国画展

展览城市：北京 — 北京

展览时间：2012-10-31～2012-11-0

展览地点：绥风艺术馆

“壮写河上歌盛世
——董希源国画作品展”

展览城市：北京 — 北京

展览时间：2012-11-4～2012-11-

展览地点：全国政协礼堂

笔墨从戎——张立奎水墨人物画展

展览城市：北京 — 北京

展览时间：2012-11-23～2012-11-2

展览地点：革命军事博物馆

天心赐意
——谢天赐写意花鸟画作品展

展览城市：北京 — 北京

展览时间：2013-01-27～2013-01-3

展览地点：中国国家画院

清心看花

程风子

十二册

(一) 千重雅韵　28cm × 42cm　纸本设色　2012 年

(二) 千载苏仙上帝乡，空余琪草似人长。夜凉环佩不知处，梦觉满山风露香。——刘诜

(三) 小圃秋光　28cm × 42cm　纸本设色　2012 年

(四) 馆娃魂散碧云沉，化着双葩寄恨深。千载不偿连理愿，一枝空有合欢心。——范成大

(五) 开花浊水中　28cm × 42cm　纸本设色　2012 年

(六) 翠盖佳人临水立，檀粉不匀香汗湿。一阵风来翻碧浪，真珠零落难收拾。——杜衍

(七) 鲜鲜佳果　28cm × 42cm　纸本设色　2012 年

(八) 冷烛无烟绿蜡干，芳心犹卷怯春寒。一缄书札藏何事，会被东风暗拆看。——钱羽

(九) 冷韵　28cm × 42cm　纸本设色　2012 年

(十) 生在幽崖独无主，溪萝涧鸟为俦侣。行人陌上不留情，愁香空谢深山雨。——李群玉

(十一) 无题　28cm × 42cm　纸本设色　2012 年

(十二) 落尽群花独自芳，红英浑欲拒严霜。开元天子千秋节，戚里人家承露囊。——姜石

(一)

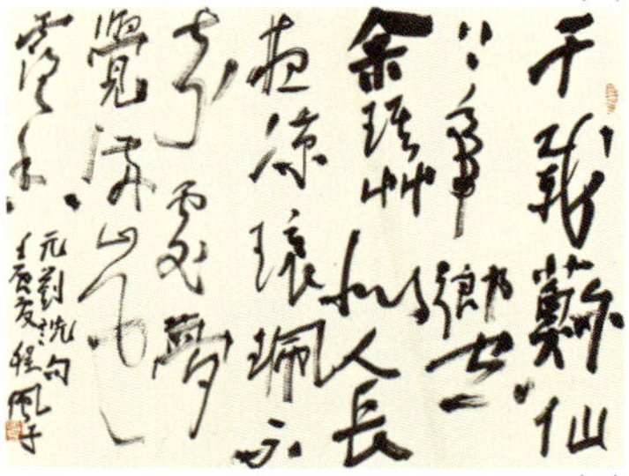

(二)

(三)

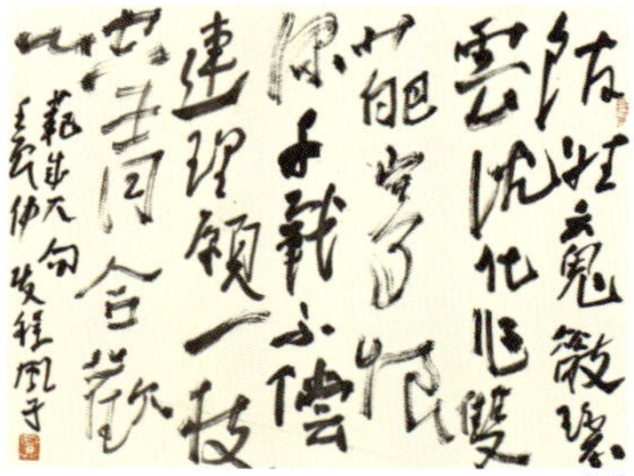

(四)

(五)

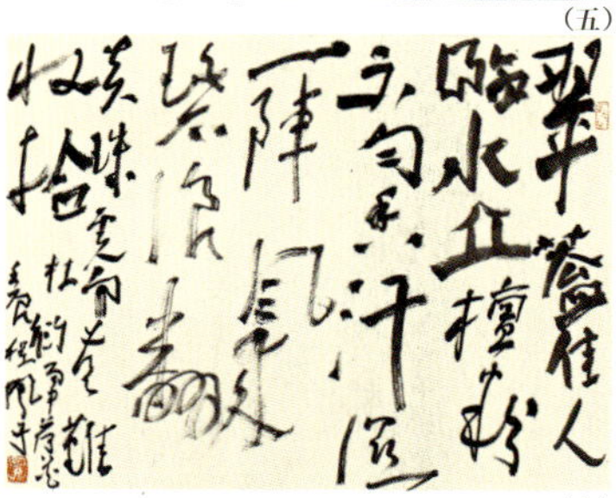

(六)

(七)

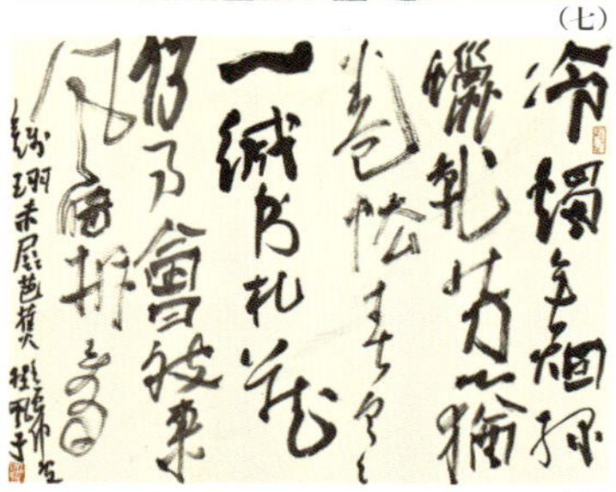

(八)

(九)

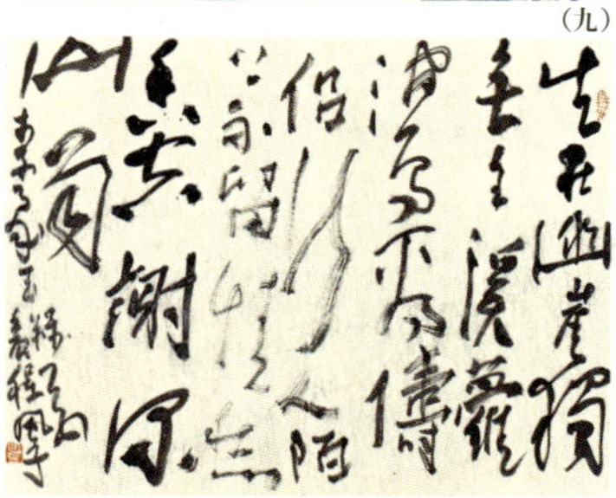

(十)

(十一)

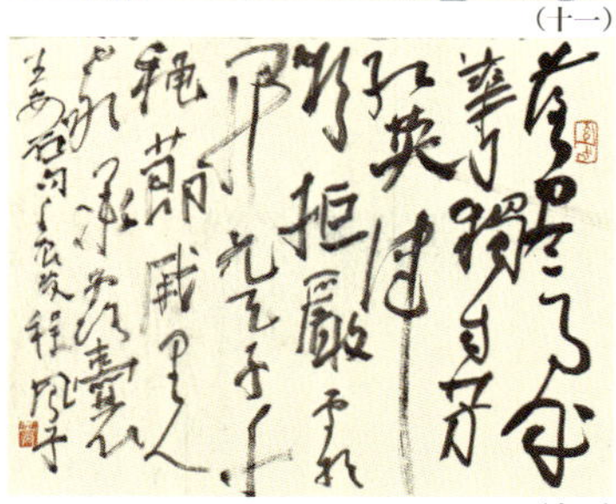

(十二)

姓名	状态	类别	价位（元/平方尺）	来源	单位	简评
马国强	升	人物	30000	本人		可大量收藏
马书林	升	水墨	50000	本人		可大量收藏
梅墨生	升	山水/花卉/书法	50000/40000/10000	本人	中国国家画院	可大量收藏
苗再新	升	人物	80000	本人		有升值空间
苗重安	升	青绿/水墨	60000/30000	本人	陕西画院	持币观望
明 珏	升	山水/花鸟/篆刻	10000/15000/20000	画廊	中国艺术研究院	可大量收藏
N						
尼玛泽仁	升	写意/兼工带写	50000/100000	本人	尼玛泽仁工作室	有升值空间
聂 鸥	平	人物	20000	拍卖	北京画院	可大量收藏
南海岩	平	人物/书法	120000/15000	拍卖	北京画院	有升值空间
O						
欧阳中石	平	书法	50000	画廊		有升值空间
P						
潘公凯	平	水墨	50000	本人		有升值空间
彭先诚	平	人物	80000	画廊		有升值空间
Q						
邱振中	平	书法	10000	画廊	中央美术学院	有升值空间
丘 挺	平	山水	50000	画廊	中央美术学院	有升值空间
乔宜男	升	花鸟	20000	本人	中国国家画院	有升值空间
R						
任惠中	平	人物	20000	本人		可大量收藏
S						
申少君	升	人物/花鸟/书法	80000/50000/15000	本人	中国国家画院	值得收藏
沈 鹏	升	书法	50000	本人		可大量收藏
施大畏	平	人物	50000	画廊	上海中国画院	值得收藏
石 虎	平	水墨/重彩	60000/100000	拍卖	世界华人艺术协会	值得收藏
石 齐	降	写意人物	100000	拍卖	北京画院	有升值空间
史国良	平	人物	200000	拍卖	北京画院	假画多，慎购
宋雨桂	平	山水	210000	拍卖	辽宁美术馆	有升值空间
宋玉麟	平	山水	40000	画廊	江苏省国画院	有升值空间
孙其峰	升	花鸟	300000	本人		有升值空间
舒建新	升	山水/人物	50000/30000	本人		值得收藏
T						
汤文选	平	花鸟	50000	画廊	湖北省美术院	可大量收藏
唐勇力	平	人物	120000	画廊	中央美术学院	可大量收藏
田黎明	平	高士/现代	25000/280000	画廊	中央美术学院	可大量收藏
童中焘	平	山水	300000	画廊	中国美术学院	有升值空间
唐[illegible]铁	平	山水/书法	6000/4000	画廊		有升值空间
W						
王冬龄	升	书法/抽象水墨	15000/30000	本人		值得收藏
王有民	升	人物	30000	本人	兰州画院	值得收藏
王和平	平	花鸟	20000	画廊	福州画院	可大量收藏
王云奇	平	人物	60000	画廊	上海大学美术学院	可大量收藏
王明明	平	人物	200000	画廊	北京画院	可大量收藏
王文壮	平	人物	10000	画廊	清华大学美术学院	有升值空间
王 涛	平	人物	20000	画廊	安徽省书画院名誉院长	有升值空间
王西京	平	人物	89000	拍卖	西安中国画院	持币观望
王颖辉	升	现代人物/传统写意	100000/50000	本人	中央美术学院	值得收藏
王庆萍	平	重彩	40000	画廊	北京工业大学	可大量收藏
王迎春	平	人物	30000	画廊	中国国家画院	有升值空间
王 镛	升	山水	80000	拍卖	中央美术学院	可大量收藏
王有政	升	人物	30000	本人	陕西国画院	有升值空间
王玉珏	平	工笔	10000	画廊	广东画院	值得收藏
王 赞	平	人物	40000	画廊	中国美术学院	可大量收藏
王 平	升	山水/花卉	12000/8000	本人	中国国家画院	有升值空间
[illegible]榕	平	人物	150000	画廊	中国美术学院	可大量收藏
魏广君	升	篆刻/金碧山水/水墨	60000/60000/30000	本人	中国国家画院	值得收藏
吴山明	平	人物	70000	拍卖	中国美术学院	可大量收藏
吴悦石	平	写意	120000	画廊	职业艺术家	值得收藏
武 艺	升	小品/创作	10000/40000	本人	中央美术学院	可大量收藏

姓名	状态	类别	价位（元/平方尺）	来源	单位	简评
韩书力	平	写意	56000	拍卖		有升值空间
韩天衡	平	书法/绘画	30000/150000	画廊		有升值空间
韩　羽	平	人物	50000	画廊	河北画院	可大量收藏
何加林	升	山水	80000	本人	中国国家画院	可大量收藏
何家英	升	写意	600000	本人	天津美术学院	持币观望
何水法	升	花鸟	120000	本人	浙江画院	可大量收藏
胡　石	升	花鸟/书法	20000/6000	本人	中国艺术研究院	可大量收藏
何士扬	升	国画/大写意/书法	25000/20000/6000	本人	中国美术学院	可大量收藏
黄永玉	平	彩墨	110000	拍卖	中央美术学院	有升值空间
霍春阳	升	花鸟/写意/大字/小字	120000/80000/5000 / 10000	本人	天津美术学院	可大量收藏
胡永凯	平	人物	20000	画廊		有升值空间
韩学中	升	工笔/写意	30000/15000	本人	中国艺术研究院	有升值空间
J						
纪连彬	升	牦牛	40000	本人	中国国家画院	可大量收藏
纪连彬	升	创作	60000	本人	中国国家画院	可大量收藏
季酉辰	平	写意	8000	画廊	河北美术出版社	可大量收藏
贾广健	升	写意/没骨/工笔	40000/200000/250000	本人	中国国家画院	可大量收藏
贾浩义（老甲）	升	人物	60000	本人	中国国家画院	有升值空间
贾又福	降	山水	200000	拍卖	中央美术学院	可大量收藏
江宏伟	升	工笔	100000	画廊	南京艺术学院	可大量收藏
姜宝林	平	花卉/山水	50000/80000	画廊	浙江画院	有升值空间
K						
孔戈野	升	山水	4000	本人	自由艺术家	可大量收藏
孔维克	平	人物	6000	画廊	山东省美协	有升值空间
孔　紫	升	人物	35000	本人	中国国家画院	可大量收藏
L						
老　圃	升	蔬果	10000	本人	荣宝斋画院	可大量收藏
李宝林	升	山水	60000	本人	中国国家画院	有升值空间
李　津	平	人物	60000	画廊	天津美术学院	可大量收藏
李魁正	平	没骨	200000	拍卖	中央民族大学	有升值空间
李魁正	平	花鸟	100000	拍卖	中央民族大学	有升值空间
李　燕	平	花鸟	30000	画廊		值得收藏
李明久	平	水墨	26000	画廊	河北师范大学	可大量收藏
李延声	平	人物	80000	画廊	中国国家画院	值得收藏
李世南	升	人物/写意	90000/60000	画廊	深圳画院	可大量收藏
李　翔	升	人物	150000	拍卖	总政	可大量收藏
李　洋	升	水墨	80000	本人		可大量收藏
李小可	平	山水	30000	拍卖	北京画院	值得收藏
李　庚	升	水墨	13000	拍卖		值得收藏
李孝萱	升	工笔/现代/传统	500000/160000/90000	画廊	天津美术学院	可大量收藏
李晓军	升	书法	12000	本人	中国国家画院	值得收藏
梁占岩	升	创作/小品	100000/80000	本人	中国国家画院	可大量收藏
林海钟	升	山水	80000	本人	中国美院	值得收藏
林容生	升	写意/工笔	45000/150000	本人	中国国家画院	值得收藏
林　墉	升	人物	100000	画廊	广东省文联	可大量收藏
刘勃舒	平	写意	35000	画廊	中国国家画院	持币观望
刘大为	平	人物	200000	画廊	中国美术家协会	持币观望
刘二刚	升	人物	30000	本人	南京书画院	可大量收藏
刘国松	平	水墨	110000	拍卖		有升值空间
刘庆和	平	人物	50000	画廊	中央美术学院	可大量收藏
刘泉义	升	写意/工笔	20000/100000	画廊	天津美术学院	可大量收藏
刘选让	升	人物	50000	本人	中国艺术研究院	可大量收藏
刘文西	平	人物	250000	拍卖	陕西美术学院	持币观望
刘　昆	升	写意	20000	本人	中国国家画院	可大量收藏
刘进安	平	人物	110000	拍卖		持币观望
刘　健	升	写意人物	30000	本人	中国国家画院	可大量收藏
龙　瑞	升	山水	120000	画廊	中国国家画院	可大量收藏
卢辅圣	平	重彩	30000	画廊	上海书画出版社	有升值空间
卢禹舜	平	山水	150000	画廊	中国国家画院	有升值空间
刘　墨	升	山水/花鸟	18000/15000	本人	北京大学历史文化资源研究所	可大量收藏
M						
马波生	升	人物/山水/书法	35000/50000/5000	本人	深圳大学艺术学院	可大量收藏
马海方	升	人物	50000	本人	人民美术出版社	持币观望
马振声	平	人物	20000	画廊	重庆画院	值得收藏

书画家作品价格(润格)即时行情

姓名	状态	类别	价位（元/平方尺）	来源	单位	简评
B						
白雪石	升	山水	86000	拍卖		可大量收藏
白云乡	升	山水	40000	本人	河北师范大学美术系	可大量收藏
毕建勋	平	创作/人物	30000/20000	画廊	中央美术学院	可大量收藏
C						
陈佩秋	平	花鸟	80000	画廊		有升值空间
蔡　超	升	人物	50000	本人	江西书画院	有升值空间
曹宝泉	升	人物	12000	本人	河北美术出版社	可大量收藏
陈冬至	升	人物	30000	本人	天津美术学院	可大量收藏
陈国勇	升	山水	30000	本人	西安美院	有升值空间
陈　鹏	升	创作/花鸟	40000/30000	本人	中国国家画院	可大量收藏
陈风新	升	山水	15000	本人	中国国家画院	可大量收藏
陈　斗	升	山水	80000	拍卖	中国国家画院	可大量收藏
陈绶祥	升	花鸟	26000	本人	中国艺术研究院	有升值空间
陈向迅	平	山水	30000	画廊	中国美术学院	有升值空间
陈永锵	平	花鸟	35000	画廊	广州市文联	有升值空间
陈玉圃	平	山水	26000	拍卖		有升值空间
陈钰铭	升	人物/写意	20000/30000	画廊	军事博物馆	可大量收藏
陈　子	升	人物	40000	本人	福建省国画院	可大量收藏
陈仕彬	升	山水/ 花鸟/书法	20000/15000/5000	本人	职业艺术家	可大量收藏
程大利	升	山水	60000	本人	中国国家画院	可大量收藏
程风子	升	绘画/书法/篆刻	20000/3000/60000	本人	职业艺术家	可大量收藏
程十发	降	写意	70000	画廊	上海中国画院	可大量收藏
崔　海	升	水墨	15000	本人	河北方圆电子出版社	可大量收藏
崔　进	升	写意/工笔	15000/80000	本人	南京书画院	可大量收藏
崔如琢	升	山水/花鸟	250000/200000	拍卖	自由艺术家	值得收藏
崔晓东	平	山水	30000	画廊	中央美术学院	可大量收藏
崔振宽	升	山水	60000	本人	陕西国画院	有升值空间
崔子范	平	花鸟	80000	拍卖	北京画院	持币观望
D						
戴　卫	平	人物	50000	拍卖		可大量收藏
戴顺智	升	牧牛图/肖像	30000/50000	本人	清华大学美术学院	可大量收藏
邓嘉德	升	写意/工笔	10000/30000	本人	中国国家画院	值得收藏
丁立人	升	人物	10000	本人	广州工业大学	有升值空间
杜滋龄	升	人物	150000	本人		有升值空间
董小明	升	创作	55000	本人		有升值空间
段传峰	升	山水人物	20000	本人		有升值空间
F						
范　曾	平	人物	400000	画廊	天津南开大学	假画多，慎购
范　扬	升	红衣罗汉/山水	80000/60000	本人	中国国家画院	可大量收藏
方　骏	升	山水	60000	本人	南京艺术学院	可大量收藏
方　土	升	山水/人物/花鸟	30000/25000/20000	本人	广州画院	可大量收藏
方　向	升	山水	12000	本人	广东省画院	可大量收藏
冯大中	升	写意/工笔	50000/150000	本人	辽宁省本溪市文联	有升值空间
冯　远	升	人物	40000	拍卖	中国文联	有升值空间
范治斌	升	人物/山水/花鸟	12000/16000/6000	本人	北师大艺术学院	有升值空间
G						
高　茜	平	工笔	6000	画廊	上海美术馆	可大量收藏
管　峻	平	书法	2000	画廊	中国书法家协会	值得收藏
宫　丽	升	人物	50000	画廊	北京军区文艺创作室	可大量收藏
关玉良	平	写意	10000	画廊	深圳大学艺术学院	值得收藏
桂行创	升	山水	3000	本人	河南省书画院	可大量收藏
郭全忠	升	人物	40000	本人	陕西国画院	可大量收藏
郭石夫	升	花鸟	80000	本人	北京画院	可大量收藏
郭怡孮	平	花鸟	50000	画廊	中央美术学院	有升值空间
高旭奇	升	写意	15000	本人	中国艺术研究院艺术创作室	可大量收藏
高卉民	升	花鸟	20000	本人		值得收藏
H						
韩美林	平	水墨	30000	画廊	清华大学美术学院	持币观望

中国书画名家精品选
河北美术出版社